Poder e ética na sociedade brasileira

O48p   Oliveira, Frederico Abrahão de
       Poder e ética na sociedade brasileira / Frederico
    Abrahão de Oliveira. — Porto Alegre : Livraria do
    Advogado, 1995.
       117 p.; 14 x 21 cm.
       Inclui bibliografia.
       ISBN 85-85616-57-1

       1. Sociedade brasileira. 2. Relações sociais: Brasil.
    3. Sociologia política. 4. Estado. 5. Ética. 6. Opinião
    pública: Persuasão: Meios de comunicação: Brasil.
    I. Título.

                                    CDU 316.32(81)

             Índices para catálogo sistemático
    Estado   321
    Ética   17
    Meios de comunicação: Opinião pública: Persuasão: Brasil
                                    32.019.51:654.12(81)
    Opinião pública: Persuasão: Meios de comunicação: Brasil
                                    32.019.51:654.12(81)
    Relação sociais: Brasil   316.47(81)
    Sociedade brasileira   316.32(81)
    Sociologia política   316.334.3

        Bibliotecária responsável: Marta Roberto, CRB-10/652

FREDERICO ABRAHÃO DE OLIVEIRA

Poder e ética na sociedade brasileira

livraria
DO ADVOGADO
editora

PORTO ALEGRE 1995

© Frederico Abrahão de Oliveira, 1995

Capa,
Henry Saatkamp

Composição e montagem de
Livraria do Advogado Ltda.

Direitos desta edição reservados por
Livraria do Advogado Ltda.
Rua Riachuelo, 1338
Fones e fax 2244312, 2253250 e 2265164
90010-273 Porto Alegre RS

Impresso no Brasil / Printed in Brazil

Para a Mariza
que sabe ser o amor o critério
constitutivo de uma família e que sem
este sentimento o grupo familiar não
tem importância nem validade.

PREFÁCIO

O tema proposto pelo autor não poderia vir em melhor hora. Vem em boa hora para um país que não cuida de suas crianças, que despreza a saúde pública, que construiu ao largo de sua história de quase quinhentos anos uma espécie de razão cínica: há um sistema político que gerou um déficit de representatividade; um sistema econômico com uma insuficiência total; um sistema social desintegrado; e, finalmente, um sistema cultural que serve para motivar/suportar tudo isso que está aí.

Resultado disso é que não só perdemos nossa capacidade de indignação como fomos vencidos pelo que Hannah Arendt chamou de "banalização do mal". Talvez o problema do Brasil esteja, exatamente, no excesso de matéria-prima propiciadora de indignações. Como muito bem lembra Gianetti da Fonseca, vivemos em um paradoxo: cada um nós isoladamente tem o sentido e a crença sincera de estar muito acima de tudo isso que está aí. Ninguém aceita isso, ninguém aguenta mais. O problema é que, ao mesmo tempo, o resultado final de todos nós juntos é precisamente isso que aí está.

Nosso imaginário é construído e dominado por um certo tipo de cultura que pode ser chamado de "pequeno-gnoseológico". Conseqüência é que vivemos em uma sociedade inserida no que se pode chamar de "anorexia informacional". É quando alguma informação mais crítica consegue passar pelo filtro do establishment, ocorre o fenômeno da "bulimia informacional". E isso está se tornando crônico...

Os meios de comunicação tentam, a todo custo, impingirnos um ambiente pós-moderno, em que o simulacro vale mais que o real. Entre nós e o mundo estão os meios tecnológicos de comunicação que lerão o mundo para nós. O poeta e ensaísta Jair Ferreira dos Santos aborda bem essa questão, quando chama a atenção para o fato de que uma reportagem a cores sobre os retirantes nordestinos deve primeiro nos seduzir e fascinar para depois nos indignar. Caso contrário, mudamos de canal. Não reagimos fora do espetáculo. Em um livro que escrevi no ano passado sobre a revisão constitucional, chamo a atenção para o fato de que usamos a ficção para nos penitenciarmos de nossas culpas burguesas: vive-se um tempo em que as pessoas se emocionam diante da cena de um filme ou dos dramalhões novelescos, mas não se compadecem com os nossos meninos de rua. Será que, para que se inverta essa perversa relação, ou seja, para que ocorra um "dar-se conta", é necessário colocar "sonoplastia" no cotidiano?

Precisamos de mais leis no nosso País? Será esse o problema? Ou será que o problema não reside no tipo de visão que temos sobre a aplicação e a eficácia das leis existentes? Por exemplo, um funcionário público de alto escalão engaveta um processo durante 3 ou 4 anos. Para processá-lo por prevaricação é muito difícil, pois exige-se o dolo. A simples preguiça ou a desídia não são considerados pela jurisprudência do establishment judiciário elementos suficientes para a caracterização do delito. Exige-se uma espécie de (se me permitem o exagero) "dolo de engavetamento". Já no caso de um ladrão de galinhas, que leva a "penosa" para sua casa, basta que com ela (com a *res furtiva*) fique algumas horas, para que, em sendo o "elemento" preso, estar caracterizado (sempre de acordo com a "jurisprudência dominante") o crime de furto (cuja pena, aliás, é várias vezes maior do que a da prevaricação).

Temos, pois, olhos para ver crimes por um certo tipo de brasileiros e outros olhos para (não) ver outras espécies de delitos cometidos por outros brasileiros. Aliás, nisso as leis colaboram em muito. Nosso Código Penal, p.ex., protege muito mais a propriedade do que a vida. Assim, um furto de um relógio recebe uma pena de 1 a 4 anos, enquanto o abandono de um idoso, que, em conseqüência, morre de inanição, recebe um apenamento de seis meses a dois anos. E por aí afora...

Precisamos ter uma nova visão sobre a relação governo-sociedade-aplicação-da-lei e gestão da coisa pública. A coisa pública é um valor? Bem, se é um valor, é imprescindível a discussão no campo da ética. É importante que se traga à baila o Brasil real, o Brasil da sonegação de impostos, da malandragem fiscal-alfandegária, da apropriação da coisa pública. É relevante denunciar que os quinhentos anos de história forjaram/sedimentaram uma espécie de "ideologia da apropriação". A propósito: quem já não se deu conta da conhecida pergunta feita, cotidianamente, em consultórios, escritórios e nos balcões de respeitáveis empresas: " o Senhor quer (a mercadoria, a consulta etc..) com recibo ou sem recibo, ou quer com nota ou sem nota?" Ou seja, construímos no Brasil algo que se pode chamar de *imaginário cleptocrático*, no interior do qual os indivíduos consideram normal a apropriação da coisa pública, nas suas mais diversas formas.

Assim, é "normal" o médico (e outros profissionais liberais) não fornecer recibo; é "normal" o comerciante sonegar impostos, o cidadão comprar equipamento de informática de origem suspeita, a mulher do chefe da repartição (e ele também) utilizar o veículo oficial para fazer compras, como é "normal" o servidor "receber" presentes...

Daí a importância da obra de Frederico Abrahão de Oliveira: para contribuir na discussão e questionar essa "lebenslüge", enfim, esse "mundo de mentira", essa "vida de mentira" no qual está inserida nossa sociedade.

LENIO LUIZ STRECK
Doutor em direito do Estado
Professor da Escola Superior do
Ministério Público do Rio Grande do Sul

SUMÁRIO

1. Apresentação 11
2. Sociedade
   2.1. O homem isolado 17
   2.2. A família 18
   2.3. Comunidades 44
   2.4. Povo, população, nação, hordas, massas 49
   2.5. Estratificação social 55

3. Estado
   3.1. Nascimento do Estado
        3.1.1. Teorias histórico-evolutivas 75
        3.1.2. Sinais de nascimento de um Estado 77
   3.2 O Estado contemporâneo 79
   3.3 O Estado brasileiro 81
        a. Atmosfera de paz, moralidade e segurança
           a.1. Paz, segurança e poder Judiciário 81
           a.2. Poder Executivo e Moralidade 89
                a.2.1. Especulação 90
                a.2.2. Corrupção, saúde e
                       Previdência Social 93
           a.3. Poder Legislativo e Moralidade
                a.3.1. Salário mínimo 95
                a.3.2. Imposto sobre a renda 95
                a.3.3. Em causa própria 95
                a.3.4. Contratações 96
                a.3.5. Orçamento Público 96
                a.3.6. Freqüência ao Plenário 97

b. Consolidação e proteção dos quadros materiais que mantêm e disciplinam o esforço do indivíduo com a família e a corporação profissional 98

c. Elaboração de instrumentos de progresso, assim as vias de comunicação, estabelecimentos de ensino e previdência social 100

4. Conclusão 103

5. Anexos 105

6. Bibliografia 113

1. Apresentação

A idéia deste trabalho surgiu de uma conversa que mantive com Dr. Lênio Streck, por ocasião do lançamento do livro "Manhãs Marinhas", do poeta, escritor e promotor público, Dr. José Túlio Barbosa. Falávamos exatamente sobre ética, preocupados com o novo Estatuto da Ordem dos Advogados do Brasil.

O assunto ética do advogado sempre me trouxe preocupações. Não há enfrentamento mais desagradável para os que militam no Foro do que privar com um "colega" que traz o ranço das velhas raposas, artimanhosas, desleais e sempre agressivas. A agressividade verbal é própria dos que não sabem argumentar; é mecanismo de defesa dessa espécie que diminui, mas não acaba.

O Estatuto da Ordem dos Advogados do Brasil, então recentemente sancionado, reavivou em mim não apenas essa preocupação com os trogloditas que vão ao Foro, mas com a sociedade brasileira: medieval, hipócrita e corrupta.

No dia seguinte, os jornais começaram a discutir a questão do ministro que confessou (sem saber que falava para o Brasil inteiro) não ter escrúpulos, demonstrando que o plano econômico por ele administrado era eleitoreiro (o que as cabeças pensantes já sabiam), entre outras barbáries. Confessada a manipulação, pilhado pelas câmeras da cadeia de televisão que justamente promovia toda a farsa eleitoreira desmascarada, veio o indigitado a público para invocar, como suporte ao perdão requerido naquele momento, a Igreja, Deus e a Família. Chorou. A sociedade teve seus olhos umedecidos por lágrimas solidárias, as famílias reuniram-se ao redor dos seus televisores e perdoaram o pobre ministro, posto que havia sido vítima de momentânea fraqueza. E fomos em frente. O pobre e piedoso ministro foi "deportado" para a embaixada do Brasil, em Roma!

Nesse campo de ação do perdoado Ricupero, temos uma trilha de frustrações: em 1984, o Congresso Nacional negou a todos nós as "diretas já" em uma vergonhosa votação lamentavelmente já esquecida; em 1986, o "plano cruzado" serviu de estandarte para um grupo de políticos sem compromisso com o Brasil; em seguida veio "Collor" e sua turma. A sociedade esquece (e quando lembra admira) os que têm capacidade de roubar e saírem ilesos; corrupta, elege corruptos; manipulada pelo poder econômico que navega sob a bandeira indisfarsável da eternização de um sistema político-administrativo reacionário com raízes medievais.

É justamente desta postura do poder e da sociedade que procuro tratar neste trabalho, onde são lançadas reflexões que advêm do enfrentamento epistemológico da formação da sociedade e da constituição do poder, no Brasil, bem como da negação do Estado que se apresenta apenas como poder Medieval. O conteúdo tem orientação axiológica, escapando do estudo sociológico ou metafísico. O homem, embora inserido na natureza e em sua existência, transcende-a. Conhece o seu universo, absorve-o pelo conhecimento, transforma-o.

Para Ortega y Gasset (1943), "os valores não se vêem com os olhos - como as cores - nem sequer se entendem, como os números e os conceitos. Não é possível entender ou deixar de entender a beleza de uma tela, a justiça de um ato ou a graça de um perfil feminino; o que nos resta é apenas estimá-los ou deixar de estimá-los, equivale dizer: para que os valores aconteçam é preciso admitir a sua percepção pelo homem, posto que o valor é um bem que coincide com um fim que é sinônimo de valor. Alguma coisa é fim porque é considerada valiosa e por ser valiosa apresenta-se como objetivo, como meta a ser alcançada".

Dentre os enfrentamentos que faremos neste trabalho, vem a questão da elevada carga de preconceitos que o próprio saber traz consigo, justamente a cavaleiro do poder econômico que assim consegue a manipulação que o eterniza no comando do pensar e agir da nossa sociedade, não esquecendo a valiosa colaboração dos meios de comunicação (principalmente da mídia eletrônica) que apresentam como homens virtuosos aqueles que fazem da regra do jogo (erigida pela superestrutura) o seu objetivo de vida; homens que teriam deixado as paixões de lado para se dedicarem "à vida pública", quando - se sabe - "o homem virtuoso não é aquele que renunciou às suas paixões (como seria possível?), nem o que conseguiu abrandá-las ao máximo. O homem virtuoso ou 'bom' é o que aprimora a sua conduta de modo a medir da melhor maneira possível e em todas as circunstâncias o quanto de paixão os seus atos comportam inevitavelmente". (Lebrun, 1992). O verdadeiro ser humano traz consigo o avesso da racionalidade política. O maravilhoso na resultante desta assertiva é a sua carga de irracionalidade, traduzida pelas transmutações espontâneas, loucas, que derrubam as teorias homogeneizantes através da quase simultaneidade de sentimentos e manifestações de ódio, amor, riso, choro, felicidade, depressão.

É da paixão (sem ufanismos) que precisamos para alterar esta cultura colonialista - logo corrupta - que alicerça atitudes que deságuam na indiferença dos brasileiros em relação ao Brasil.

Uma ideologia que nos retire da "massificação endêmica" que José Ortega y Gasset considerou "sobretudo, senão exclusivamente, o aspecto activo do homem-massa que quer mandar tentando impor a sua própria vulgaridade. Mas há também no homem-massa um aspecto passivo, correspondente à aceitação fiel de todas as idéias que lhe são sugeridas e não o obriguem a refletir. Esse aspecto coloca o homem-massa e, através dele toda a sociedade, a mercê de aventureiros que saibam lisonjear a sua mesma vulgaridade". (Martinez, 1991).

Ideologias são sistemas de crenças sobre a natureza do ser humano, aceitos por um grupamento de pessoas de formas a moldar a vida de cada um. Ideologias são bem mais do que teorias, posto que baseiam-se em teorias da natureza humana, trazendo motivações para certo tipo de ação.

É impossível aceitarmos a pregação do desaparecimento das ideologias, eis que este é discurso fácil, aliás bem digerido pelas massas, através dos meios de comunicação. As ideologias são fundamentais ao ser humano. Observe os movimentos racistas e fascistas do continente europeu. Visam a preencher um vazio deixado pelo sepultamento das paixões ideológicas, proporcionado pela decomposição da classe operária, o que determinou o enfraquecimento dos sindicatos e dos partidos políticos, levando a uma dissolução dos laços sociais, resultando na procura de novas bases de identidade. Daí as tendências separatistas ou de agressividade intergrupal. Como todas as atitudes políticas são ligadas às afinidades sociais, para alguns pensadores os movimentos neofascistas italianos (v.g.) contêm, além dessa necessidade de preencher vazios ideológicos, uma elevada carga de sentimentos de pobreza, dificuldade de existir e de ódio em relação às classes ricas. O ódio aos ricos remonta ao século dezessete e vem amparado na disparidade da distribuição da renda, na injustiça social e no desemprego. Um movimento concretamente fascista viria alicerçado, exclusivamente, em partidos radicais e em nenhuma outra razão.

O vazio ideológico que domina as sociedades do chamado primeiro mundo (!), tão aplaudidas por pessoas inexperientes e pouco pensantes, é tão ruim quanto o vazio estomacal que impera aqui nas sociedades dominadas pela fome. A agravante é que, além da fome, estamos perdidos no vácuo da falta de ideologias voltadas ao humano.

Precisamos alterar este cenário e tal alteração implica imprimirmos - filosoficamente - um pensamento crítico-valorativo naqueles que lidam com o Direito, tarefa difícil, bem o sabem os que se envolvem com a matéria. Mas será impossível? O resultado deste trabalho, junto a tais grupos, responderá a indagação. Faremos, porém, a tentativa de levá-los ao entendimento de que "entre o olhar já codificado e o conhecimento reflexivo, há uma região mediana que libera a ordem no seu ser mesmo: é aí que ela aparece, segundo as culturas e segundo as épocas, contínua e graduada ou fracionada e descontínua, ligada ao espaço ou constituída a cada instante pelo impulso do tempo, semelhante a um quadro de variáveis ou definida por sistemas separados de coerências, composta de semelhanças que se aproximam sucessivamente ou se espelham mutuamente, organizada em torno de diferenças crescentes. Assim, em toda cultura, entre o uso do que se poderia chamar de códigos ordenadores e as reflexões sobre a ordem, há a experiência nua da ordem e de seus modos de ser". (Foucault, 1990).

É urgente que nós, brasileiros, decodifiquemos o nosso olhar e passemos a admirar e a cultuar qualidades que signifiquem (ou procurem) a perfeição do humano, isto é, nossa cultura carece de reparos, entendendo-se como cultura o conjunto de conhecimentos, hábitos, costumes e tradições, somados à instrução, individual e coletiva. A cultura traz consigo a idéia de fim e de valor como principais características.

Fim é aquilo pelo que se faz alguma coisa. Todos os que agem o fazem por causa de um fim.

Valor é a qualidade objetiva de um ser, qualidade que significa perfeição, logo, atrai a vontade. Os valores não são produtos da nossa subjetividade, são sim uma realidade objetiva que encontramos fora de nós, são qualidades objetivas do ser; significam a perfeição, por isso nos atraem.

Para que os valores aconteçam é preciso admitir a sua captação pelo homem, a sua percepção. Enfim, o valor é um bem. Bem coincide com fim, porque é considerado valioso e em sendo valioso apresenta-se como meta a ser alcançada.

Ao conjunto de valores aos quais submetemos os fatos e as ações humanas, para apreciá-las e distingui-las, denominamos ética.

Na exata medida em que os valores da nossa sociedade apresentam-se motivados por fins que não traduzem a maneira séria, correta, escrupulosa de agir e de pensar, estamos diante de uma nação voltada a uma ética estruturada em conceitos e preconceitos trazidos pelo pré-saber ou saber pré-científico.

Estamos operando ainda com um pensar calcado na opinião, injetada pelo poder, através dos meios de comunicação, tal como apresentava-se o "saber" dominante até o século XVII, então sob a influência do cartesianismo filosófico e científico, produzido através de aquisições culturais anteriores à ciência, refletindo assim - como disse - a opinião do homem dito culto e honesto.

As elites políticas, sob o patrocínio de grupos compostos por pseudo-empresários e pela grande imprensa, elaboram projetos conservadores e obscurantistas, através de tecnocratas que lhes oferecem um pensar voltado a manter-nos estagnados em algum lugar distante no passado da humanidade. É verdade sim que os meios de comunicação servem para divulgar a programação que as elites conservadoras e desinteligentes deram à nossa história, uma seqüência que bem poderia ser narrada como o navegar da nau dos insensatos.[1]

A sociedade brasileira é corrupta e aética e o poder que a dirige é medieval. Trataremos desse assunto na presente obra.

Para bem enfrentarmos essa questão do poder e da ética na sociedade brasileira, torna-se essencial que aportemos - preliminarmente - em alguns elementos, formadores uns, participantes outros, verificando-os conceitual e historicamente. Assim, haveremos de refletir quanto à sociedade, suas formas primitivas, suas implicações e suas decorrências, tais como: o homem, a família, as comunidades, os povos, as classes, os partidos, as hordas e as massas, o que nos levará a uma discussão ou rediscussão do Estado, da ordem, do poder, do saber, o que faremos buscando a melhor didática e uma forma de apresentação que envolva àqueles que demonstrem interesse pelo assunto, de modo a mantê-los atentos e sem fadiga.

---

[1] Barcos que levavam os loucos a uma existência errante (Sec. XIII) de uma cidade para outra, escorraçados que eram dos seus muros. (Focault, 1989).

2. A Sociedade

Suas formas, implicações e decorrências.

2.1. O HOMEM ISOLADO

A permanência do homem em estado social (ou sua integração em sociedade) constitui fato natural, como fato natural é a própria família. Parece não haver salvação para o ser humano fora do cenário de um grupo organizado, muito embora nem sempre tenha sido assim.

Em outros tempos, muito antes da existência do Estado, o homem não tinha família, senhor, comunidade ou grupo religioso, sobrevivendo pelo ato de converter-se em servo ou escravo de outro homem ou eventual pequeno grupo.

A possibilidade de organização da sociedade era inviabilizada pela incapacidade de as pessoas formarem grupos que permanecessem unidos por longo tempo, muito embora o homem apareça como um "animal social", segundo o pensar de Aristóteles. Por isso mesmo, historicamente o homem se apresenta integrado a grupos, mesmo pequenos e rudimentares, representados, às vezes, apenas por ele e pela mãe, salvo exceções.

O isolamento do homem, abordado na literatura universal, em obras de ficção, traz-nos exemplos como o de "Robinson Crusoe", de Daniel Defoe. Robinson quedou isolado em uma ilha, mas nem por isso deixou de implantar naquele território toda a bagagem cultural que trouxera do seu grupamento social.

A mesma forma de isolamento já foi vista na prática quando tivemos notícias de náufragos e foragidos, como o caso do soldado japonês que se perdeu de sua unidade militar (por ocasião da

Segunda Guerra Mundial) e se manteve, por muitos anos, isolado de qualquer grupo humano.

Crusoe, o militar japonês e qualquer outro exemplo que se traga são demonstrações de isolamentos acidentais. Os personagens de tais façanhas, obtiveram sucesso em razão dos conhecimentos, da cultura absorvida no meio social em que foram formados.

O isolamento do homem apresenta-se como anomalia destruidora, em razão dos seus efeitos de natureza biológica, física e psicológica, tanto assim que o banimento do indivíduo pelo grupo social é punição tida como bastante severa. Nas sociedades primitivas, o banimento deixava o indivíduo sem família e sem companheiros, logo, à deriva, entregue ao perigo representado por animais selvagens e por inimigos tribais.

O próprio isolamento voluntário dos eremitas (que evidentemente também não é natural) somente se faz possível em conseqüência do legado que traz do seu aprendizado social.

Refletimos no sentido de que o isolamento do homem, quando existe, não é natural ou originário, mas sim superveniente ou acidental, no que estamos amparados em Martinez (op. cit.).

2.2. A FAMÍLIA

A família é a mais antiga das sociedades, sendo reconhecidamente uma unidade social básica, apresentando-se como a única das sociedades com base natural, segundo Rousseau (1878), posto que as demais são construção do homem. Por via de conseqüência, o grupo familiar pode estar presente na origem de todas as outras sociedades. A doutrina familiar ou patriarcal (da qual discordamos) defende a tese de que a família foi a principal e necessária origem do Estado moderno. Segundo essa doutrina, os pais tornavam-se patriarcas e estes transformavam-se em reis, o que levava à fundação da cidade antiga. Escravos e estrangeiros, que convergiam à cidade, apreendiam o sistema familiar, o que determinava a recíproca incorporação cultural.

Ao enfrentarmos o nascimento do Estado (subitem "3.1", adiante), trataremos das teorias que tentam explicar seu surgimento.

Ainda no que concerne específica e isoladamente à família, importa registrar que esta - de início - fundamentava-se nos laços sangüíneos que vinculam os filhos aos pais (cognatícia biológica). Posteriormente, as instituições sociais desenvolveram a família agnatícia, a qual é fundada em torno de disciplina e economia comuns; constituída por pessoas agregadas como resultado de ascendência comum, ligações matrimoniais e autoridade do patriarca sobre todos. Esta questão da economia comum, como elemento agregador da família agnatícia, é discutível, como adiante veremos.

A evolução da família não pode ser estudada sem que nos reportemos a Morgan, cientista norte-americano, etnógrafo e historiador, voltado à sociedade primitiva. Seus estudos estruturam a obra de Engels (1891): "El origen de la familia, la propriedad privada y el Estado".

Morgan encontrou, nas uniões familiares dos índios norte-americanos, a chave para decifrar enigmas ainda não resolvidos da antiga Grécia, de Roma e da Alemanha. Sua pesquisa foi desenvolvida ao longo de quarenta anos.

Segundo Engels (op. cit.), até 1860 não se falava em uma história da evolução da família, baseando-se as ciências históricas - até então - na influência produzida pelos cinco livros de Moisés. A constituição patriarcal da família, tal como traduzida pelos cinco livros de Moisés, identificava-se perfeitamente (salvo pela poligamia) com a família burguesa, fato que deixava evidenciado não ter havido nenhum desenvolvimento histórico. Admitiam apenas que houvera uma fase de promiscuidade sexual, nos tempos primitivos. A verdade é que, paralelamente à monogamia, conhecemos também a poligamia, esta especialmente na Índia e no Tibet. Tais formas de constituição familiar não podiam ser ordenadas sucessivamente como um processo evolutivo, eis que figuravam paralelamente entre si.

Observamos que as sociedades primitivas não conheceram (e quando presenciavam, puniam severamente) a infidelidade conjugal e a prostituição organizada, muito embora a distorcida imagem trazida até nós por viajantes do século XVIII, segundo Martinez (op. cit).

A poligamia e a poliandria, mormente no Tibet e no Nepal, possuíam um regramento, que nos impede de pensar em promiscuidade, mesmo porque havia uma união com ânimo definitivo. A dissolução desses casamentos seria possível quando fundada na esterilidade.

Nem sempre o polígamo residia com todas as suas concubinas, formando, nestes casos, diversos grupos familiares, ou seja, subdividindo o seu grupamento familiar em vários núcleos.

O objetivo da família poligâmica era, possivelmente, o de assegurar um maior número de filhos, o que permitiria a conservação do poder tribal, enquanto as famílias reduzidas tendiam à extinção, deixando aos demais a forte possibilidade de acesso ao poder. Ademais, era necessário renovar a aristocracia, dizimada pela mortalidade elevada em razão das doenças e epidemias, bem como pelas guerras.

As tribos, estas sim, tinham origem necessariamente familiar, seja porque a família havia crescido em demasia, devendo então subdividir-se, seja porque uma família sentia-se pequena e buscava a união com outra. Esta segunda hipótese é bastante rara, posto que a disposição intergrupal sempre se deu no sentido de afastamento, nunca de integração.

Em 1861, foi quando a história da família começou realmente a ser estudada, através da obra de Bachofen, *Direito materno*. Este, suíço, juiz e historiador, professor de Direito Romano e investigador do Direito Primitivo, vem citado por Engels (op. cit.).

Bachofen formulou as seguintes teses, a propósito da evolução do homem isolado até a comunidade familiar: (a) primitivamente o homem vivia em promiscuidade sexual; (b) tais relações excluíam toda e qualquer possibilidade de estabelecer (com certeza) a paternidade, razão pela qual a filiação era regulada pela linha feminina. Este direito materno ocorreu então na Antigüidade; (c) por via de conseqüência, os povos antigos viviam sob uma ginecocracia. Reconhecidas como únicas progenitoras, as mulheres gozavam de grandes privilégios; (d) a passagem para a monogamia seria uma infração religiosa, punida com severidade, podendo ser perdoada através da espontânea entrega da mulher infratora a outros homens, por determinado período.

Dentre os valores resultantes de tal sistema, um deles refere-se aos delitos contra a vida. O assassinato de uma pessoa, não ligada por laços sangüíneos (incluindo-se o marido da autora do crime), pode resultar em uma pena mínima. Os crimes contra a vida que devem ser apenados com rigor são aqueles praticados entre consangüíneos. O mais grave e único imperdoável, segundo o Direito materno, é o matricídio.

Bachofen perde a consistência e a credibilidade quando diz acreditar que Apolo e Atenea realizaram o milagre de colocar por terra o direito materno, substituindo-o pelo paterno. O que se apresentava - inicialmente - como um trabalho científico reduziu-se, ao final, a puro misticismo. Isto, evidentemente, não retira por completo os méritos de Bachofen, uma vez que sua tese inaugurou a sistematização do enfrentamento do tema, tendo sido o primeiro a identificar que na literatura clássica grega existem registros que permitem dizer da existência de um estado social (antecedente à monogamia) no qual o homem grego e os povos asiáticos mantinham relações sexuais com várias mulheres, sabendo-se ainda que as mulheres adotavam igual disposição, sendo este o posicionamento ético-legal corrente. Esta postura trazia, como conseqüência, a necessidade de que a descendência fosse contada pela linha feminina. Tal situação perdurou por longo tempo, inclusive quando já consagrada a monogamia, com paternidade estabelecida ou reconhecida.

Em 1895, surge o sucessor de Bachofen, ainda segundo Engels (op. cit.). John Ferguson Mac Lennan, inglês, advogado militante, cientista, foi um dos principais historiadores da família e do matrimônio. Suas teorias e conclusões são exatamente o oposto das formuladas por Bachofen. Afirma que povos bárbaros, selvagens e até mesmo alguns outros já civilizados adotavam uma forma de matrimônio na qual o noivo haveria de raptar sua futura esposa dos pais. Conclui que tal costume, provavelmente, teve seu nascedouro em hábitos bem mais antigos, quando os homens de uma tribo "adquiriam" mulheres tomando-as à força de outras tribos.

O matrimônio por rapto deve ter nascido em determinados grupos tribais nos quais era proibido o matrimônio no seio da própria tribo. Em tal situação, viam-se obrigados a procurar uma parceira, para os fins matrimoniais, fora da própria tribo.

Em contrapartida, foram encontrados grupos tribais nos quais haveria a obrigatoriedade de os homens buscarem a parceira conjugal dentre as moças da própria tribo.

Para o primeiro grupo (matrimônio por rapto), Mac Lennan atribui o rótulo de tribos exógamas, para o segundo, dá a marca de endógamas.

Suas conclusões são contraditórias. A teoria vem baseada em que os homens das tribos exógamas não podiam tomar uma parceira senão que de outras tribos. Esta procura de parceria em outro grupo não era possível senão com a utilização da força (pelo rapto), posto que quanto mais selvagem um povo maior a sua condição beligerante.

Ainda segundo o mesmo autor, o costume da exogamia adveio como conseqüência do fato de os selvagens matarem as meninas que nasciam na tribo. Evidente então que o contingente masculino era bem maior, o que estaria a determinar a prática do rapto.

Outra conseqüência da mortandade de meninas, teria sido a poliandria (vários homens tomam em matrimônio a mesma mulher). Observa-se a contradição no fato de que a exogamia e a poliandria seriam procedentes de uma mesma causa, qual seja, o desequilíbrio numérico entre os sexos, não deixando de lembrar que entre todas as tribos exogâmicas existiu, primitivamente, a poliandria. Por isso, devemos entender como indiscutível - diz Mac Lennan - que entre os povos exógamos o primeiro sistema de parentesco era o vínculo de sangue materno.

Mac Lennan reconheceu em suas pesquisas três tipos de matrimônio: a poligamia, a poliandria e a monogamia. Existem provas, porém, de que entre povos pouco evoluídos existiam outras formas de matrimônio. Em uma delas (bastante importante) vários homens tinham em comum várias mulheres.

Lubbock (1870) reconheceu como fato histórico o matrimônio grupal, conhecido então como *communal marriage*.

Morgan, que como já dissemos surgiu em 1871, entendeu que o sistema de parentesco próprio dos indígenas americanos, ainda vigente entre eles, era comum a todos os aborígenes dos Estados Unidos da América, ou seja, havia se difundido por todo o continente.

Conseguiu ajuda governamental para o recolhimento de informações acerca de tal sistema de parentesco. De posse das informações, concluiu: (a) que o sistema de parentesco indo-americano estava em vigor na Ásia e em muitas tribos africanas e australianas, (b) que este sistema era explicável por uma forma de matrimônio grupal o qual encontrava-se em extinção no Hawaí e em algumas ilhas australianas, (c) que nestas mesmas ilhas existia, junto a essa forma de matrimônio, um sistema de parentesco somente explicável mediante a prática do matrimônio grupal.

O trabalho fundamental de Morgan foi titulado de *A sociedade antiga* e foi publicado em 1877. Esta obra foi a base do estudo de Engels (op. cit) que versa sobre as origens da família, da propriedade privada e do Estado.

O descobrimento do direito materno, como etapa anterior ao direito paterno nos povos civilizados, tem para a história primitiva a mesma importância que a teoria da evolução de Darwin para a biologia e que a teoria da mais valia, enunciada por Marx, para a economia política. Este trabalho, embora não seja definitivo, permitiu a Morgan demonstrar - pela primeira vez - em linhas gerais, uma história da família, com estágios de desenvolvimento registrados o mais próximo possível do exato.

Engels (op. cit) faz um registro interessante, segundo o qual observou que os investigadores do seu tempo - principalmente os ingleses - admitem os descobrimentos de Morgan pela via da apropriação das suas idéias, referindo apenas vagamente o seu espetacular trabalho. O livro de Morgan ficou desconhecido na Inglaterra, e a sua publicação foi boicotada sistematicamente na América. As publicações desse tipo de livro vendem mal. A única publicação deste trabalho, bem vendida, foi a edição em língua alemã. Morgan era americano, sendo muito difícil para os ingleses admitirem que estrangeiros fossem pioneiros em estudos desta natureza. Se fosse um alemão, seria aceitável, mas um americano! Os ingleses tornam-se patriotas ferrenhos, diante de americanos, observa Engels (op. cit). Além do mais, Mac Lennan havia sido proclamado oficialmente o fundador e "chefe" da escola pré-histórica inglesa, sendo considerado verdadeiro sacrilégio qualquer manifestação de dúvida quanto à existência de tribos endógamas e exógamas, as quais, na verdade, excluíam-se reciprocamente. Quando Morgan fez ruir tais dogmas, os adoradores de Mac Lennan sentiram-se "pilhados em flagrante" diante da sua própria incompetência para pensar epistemologicamente as ciências constituídas.

 Evidentemente que esses estudos têm evoluído até os dias de hoje, porém a nós parece inquestionável que a estrutura dos estudos de Morgan é fundamental para qualquer outra variação que se queira fazer sobre o tema. Por tal razão, seguimos esta estrutura básica para evoluírmos nas reflexões objeto desta obra, não sem antes fazermos uma escala no comportamento tribal dos índios brasileiros.

 Pozzobon (1988), professor do departamento de Filosofia e de Teologia da Universidade do Vale do Rio dos Sinos - UNISINOS - pesquisou a organização socioespacial dos índios Maku do noroeste da Amazônia. Desse trabalho extraímos referências que nos servem para um confronto com o comportamento dos índios americanos, estudados por Morgan (op. cit). Examinaremos apenas os dados que se referem a matrimônio, logo, à formação e à evolução familiar.

 Os índios Maku habitam a região do alto rio Negro, entre o Brasil e a Colômbia e o divisor de águas que existe entre o médio rio Negro e o rio Japurá, no Estado do Amazonas.

 Índios do Mato. Segundo Pozzobon (op. cit.), os Maku são,

originariamente, caçadores nômades. O que os faz habitar o interior da floresta é exatamente a maior possibilidade de sucesso na atividade da caça, por isso são conhecidos como "índios do mato".

"Na aldeia, os Maku passam o tempo espreguiçando-se nas suas redes ou fazendo pequenas caçadas ou pescarias, enquanto suas esposas trabalham nas roças, na coleta de lenha, no cuidado das crianças ou no preparo de alimentos." Pozzobon (op. cit.). Esta rotina é quebrada pelos deslocamentos que fazem aos acampamentos de caça, no interior da floresta virgem. Esse deslocamento é feito em grupos familiares, ocorrendo - freqüentemente - que uma ou algumas famílias não retornem à aldeia, integrando-se em outra, também Maku, o que determina seja alterada a composição das aldeias, com o passar do tempo.

Índios do rio. Na pesquisa do citado autor, foram também estudados os índios que vivem às margens dos tributários do rio Negro, sempre no Brasil. Tratam-se de índios sedentários (agricultores) das nações Tukano e Baniwa, conhecidos naquela região como os "índios do rio".

Os Maku dividem-se em clãs patrilineares exogâmicas, relacionando-se de modo agnático. "A terminologia de parentesco é do tipo Dravidiano: os primos paralelos são classificados junto com os irmãos e não podem casar entre si. Casam-se os primos cruzados bilaterais, reais ou classificatórios, o que significa: 'membros de um clã afim, da mesma geração de ego'. Os grupos locais costumam ter uma composição bilateral, isto é, envolvem homens relacionados como afins, de modo que um Maku poderá encontrar sua esposa (filha ou irmã de homem afim) sem sair da aldeia onde mora." Pozzobon (op. cit).

"Para os índios do rio esse último aspecto é contrário à decência e ao decoro, pois embora também se dividam em clãs exogâmicas patrilineares, os membros masculinos de cada um desses clãs ribeirinhos moram num grupo patriarcal separado. Suas irmãs, ao se casarem, abandonam o grupo local paterno e se mudam para os grupos locais dos maridos. Suas esposas vêm dos grupos locais para onde foram suas irmãs". As aldeias dos índios do rio não são separadas apenas pela regra da exogamia, mas também pela língua. Consideram ilícito o casamento com alguém que fale a mesma língua. Cada aldeia fala uma das dezoito línguas da família lingüística Tukano, referindo Pozzobon que ainda assim não vivem uma Babel, posto que os filhos adotam a língua do pai como oficial, muito embora possam apreender a língua da mãe ou da tia paterna.

Quanto aos Maku, tanto podem casar com indivíduos da mesma língua, como também com os que possuem o mesmo dialeto, o que os índios do rio consideram ato incestuoso e animalesco.

Aos Maku é permitido o casamento com indivíduos de qualquer outro grupo, embora a tendência endogâmica. Em qualquer caso, o clã formado pela união com um "estrangeiro" passa a fazer parte do sistema local Maku.

Na organização familiar Maku, existem os chamados "grupos de fogueira". Assemelha-se à família, tal como se apresenta na sociedade civilizada, sendo formados por um casal casado, seus filhos solteiros e algum parente próximo viúvo, solteiro ou divorciado. Dois casais não participam de um mesmo grupo de fogueira. Esses grupos viajam e dormem juntos.

O certo é que - como regra - os índios do rio trazem uma carga maior de preconceitos, relativamente à possibilidade de casamento, embora existam registros de casamentos incestuosos (entre pessoas do mesmo clã) praticados pelos Bara, contrariando suas próprias regras matrimoniais.

Reafirmam-se os preconceitos já aludidos, quando os índios do rio consideram que os Maku não são gente porque adotam o casamento endogâmico, dentro do próprio local, dentro do próprio dialeto e dentro do próprio grupo lingüístico. Ser gente significa, necessariamente, casar com pessoas que falem outra língua.

No estudo comparativo entre índios brasileiros, estudados por Pozzobon, e os americanos, estudados por Morgan, é possível concluir pela presença de dois estágios da evolução da família, co-existindo entre os índios do rio e os índios do mato, no Brasil.

No primeiro estágio (ou no estágio mais primitivo) estariam

os índios do mato, porque nômades e despidos de preconceitos, mormente quanto às relações afetivas, matrimoniais.

Mais desenvolvidos, os índios do rio apresentam-se sedentários e com regramentos mais rígidos, relativamente à regra matrimonial e de constituição da família.

A postura adotada pelos índios do mato, no Brasil, coaduna-se com as conclusões de Morgam na medida em que representam uma evolução do matrimônio grupal até a formação de um grupo familiar (os grupos de fogueira). Os índios do rio trazem uma evolução (em direção à civilização) ao apresentarem a tendência de maior intercâmbio ou miscigenação entre aldeias, línguas e regiões, o que resulta na troca de conhecimentos e experiências.

Conclui-se que, quanto mais a família evolui no tempo, mais tende à padronização de procedimentos (ou de preconceitos), ligados a uma relação de poder. Para o índio, criança pode tudo, é livre e como tal deve ser criada. Para os civilizados, criança nada pode, devendo seguir um regramento imposto à semelhança do meio para o qual está sendo formada. Deve ser ameaçada com a onipresença de Deus (que tudo vê e castiga os maus, assim entendidos aqueles que fogem à regra), fato que determina uma postura auto-repressiva.

Retornando a Morgan, identificamos os principais momentos da evolução da família. Segundo afirma Engels (op. cit.), Morgan verificou que a tolerância recíproca entre machos adultos constituiu a primeira condição para a formação de grandes e duradouros grupamentos em cujo seio podia ser operada a transformação do selvagem em humano.

Nesse primitivo estágio, encontramos o grupo inteiro - homens e mulheres - pertencendo um ao outro, com ampla reciprocidade, sem qualquer resquício de sentimentos de posse e ciúme.

Em estágio posterior de desenvolvimento, encontramos a poliandria (o casamento de uma mulher com mais de um homem), forma que também exclui a possibilidade de ciúme entre as partes. Observa-se que não existiam limites proibitivos, posto que ausentes barreiras de qualquer ordem, o mesmo ocorrendo com a idéia de incesto. No período primitivo, como até mesmo em algumas culturas remanescentes, a permissividade sexual em família apresentava-se como fato comum. Antes da "invenção do incesto" (porque este foi uma invenção) encontramos formas de relacionamento familiar pintadas com as tonalidades da promiscuidade. Porém, não se deduza com isso que no cotidiano dominava - necessariamente - uma forma promíscua de relacionamento.

Para Siches (1965) "matriarcado e forma familiar poliândrica não são termos sinônimos, pois que pode existir uma família matriarcal monógama".

Claro está que uma família poliândrica tende ao matriarcado, uma vez que a mãe é reconhecida, em relação ao filho, restando o pai como desconhecido.

O mesmo autor refere que na cultura Taína, de Cuba, "sempre que o cacique tomava mulher, lançavam-se sobre ela todos os caciques que tinham vindo de lugares distantes, expressamente para a cerimônia nupcial. Quando se casava um plebeu, todos os outros plebeus tinham direito à donzela."

O fundamento de tal postura era o de evitar que, por causa do homem, a mulher ficasse estéril, uma vez que os filhos eram essenciais à sobrevivência da comunidade.

Deste estágio inicial, a humanidade caminhou para a chamada Família consangüínea, quando os grupos familiares começam a ser classificados por gerações. Todos os avôs e as avós são casados entre si, o mesmo ocorrendo com os pais e as mães. Seus filhos formam um círculo de cônjuges em comum. Assim, v. g., os descendentes de um casal seriam, em cada uma das gerações sucessivas: irmãos, irmãs, maridos e mulheres uns dos outros. Sinais de existência da família consangüínea podem ser encontrados na Polinésia e no sistema de parentesco hawaiano, pelo menos até o início deste século.

No seqüencial evolutivo da família, encontramos a família Panalúa. Nesse estágio são excluídos da relação matrimonial grupal os pais, os filhos e os irmãos. Esta exclusão inicia-se pelos irmãos uterinos, a princípio em casos isolados, gradualmente generalizados. No Hawaí, até o início do século, o processo ainda não se encontrava findo. Ao final desse ciclo chegamos à proibição do matrimônio entre "irmãos colaterais", hoje conhecidos como primos.

Nas tribos aonde este progresso limitou a reprodução consangüínea, o desenvolvimento deu-se mais rapidamente e de forma mais completa. Nestas, a família transformou-se no fundamento da ordem social, sem a qual os povos da terra não teriam chegado à civilização contemporânea.

A economia doméstica do comunismo primitivo, que domina até o estágio médio do período do barbárie, determina uma enorme extensão da comunidade familiar, variando segundo determinadas circunstâncias, porém, mais ou menos dentro de um espaço físico reduzido. Ao sair do estágio da consangüinidade, a família cresce de forma mais ampla, sob os pontos de vista cultural, espacial e econômico, deixando para trás aquela situação de ciclo vicioso até então dominante.

A partir de então, a evolução segue no sentido e direção da monogamia. Esta não entrou na história como reconciliação entre o homem e a mulher, mas sim como forma de escravização de um sexo pelo outro. Foi sim o desmascaramento do conflito entre sexos, desconhecido na pré-história. Para Marx, segundo Engels (op. cit.), "a primeira divisão do trabalho se fez entre o homem e a mulher, para a procriação e educação dos filhos."

A monogamia inaugurou, juntamente com a escravidão e com a riqueza privada, o contraste entre o enriquecimento de uns e o empobrecimento e sofrimento de outros.

A liberalidade sexual não desapareceu de todo, com o surgimento do matrimônio e da monogamia. Com estes, vieram a lume atores sociais ainda desconhecidos em suas características, qual seja o amante, a amante, os traídos e as traídas. Os homens haviam logrado uma vitória sobre as mulheres, algumas delas porém encarregaram-se de "coroá-los" vencedores. O adultério, proibido e castigado rigorosamente, chegou a ser uma instituição social, junto com a monogamia. No melhor dos casos, a certeza da paternidade dos filhos baseava-se agora, tanto quanto antes, no convencimento moral. Para resolver tal contradição, o Código de Napoleão dispôs no seu artigo 312: "O filho concebido durante o matrimônio tem por pai o marido". Este era o resultado final de três mil anos de monogamia. A família monogâmica (nos primórdios da civilização) demonstra as conseqüências da sua origem, que não foi outra que o conflito entre homem e mulher, cuja tentativa de resolução vinha através do domínio exclusivo do homem. Isso demonstrava os antagonismos de uma sociedade dividida - basicamente - em duas "classes".

Entre os romanos, a mulher era mais livre e melhor considerada do que entre os gregos. Aqueles acreditavam estar garantida a fidelidade das suas mulheres em razão do direito de vida e de morte que tinham sobre elas. Além do mais, a mulher podia romper o vínculo matrimonial por iniciativa própria, tanto quanto podia o homem.

A entrada dos germanos na história determinou a aceleração do desenvolvimento da monogamia, o que se deu em face de circunstâncias bem identificadas: a santidade do matrimônio. Os homens contentavam-se com uma única mulher, e esta tinha elevado sentimento de pudor. A poligamia vigorava apenas entre os grandes e os chefes tribais. Entre os germanos, as mulheres gozavam de grande consideração, exercendo influência até mesmo nos assuntos de natureza pública.

Deste modo, chegava com os germanos um elemento novo que passa a valer para todo o mundo civilizado, revestindo-se a supremacia masculina de formas mais suaves, dando às mulheres uma posição mais digna, não conhecida pela Idade Clássica.

Graças a tal postura, foi possível (a partir da monogamia) chegar ao amor sexual individual moderno, até então desconhecido pela humanidade.

No mundo civilizado contemporâneo, a família tem-se reafirmado como sendo a unidade social básica, a ponto de, em algumas sociedades, "a vida do indivíduo estar quase totalmente ligada à família", em que pese em outras "muitos papéis e relações independam dela". Chinoy (1967).

No Brasil contemporâneo, onde a corrupção, a falta de ética e de valores mais elevados e sobretudo a criminalidade econômica grassam, esta como decorrência daquelas, a situação tem evoluído de tal forma que nos sentimos envoltos por um "túnel do tempo" que, regulado para o passado, nos transportou ao período da barbárie. Circunstância de tal envergadura não tem uma causa, mas é conseqüência de um desencadear de fatores, posto que, em se tratando de fenômenos humanos, refere atos complexos a serem avaliados.

Dentro da família brasileira, cabe-nos dirigir o enfoque ao *pater famílias*, por múltiplas razões. Entre elas: no Brasil o direito mais ferrenhamente protegido (judicial ou extrajudicialmente) é o "direito de propriedade", a "moral" brasileira está fundamentada no consumo, no medo, na proibição e no amor do *pater famílias*, que permanece em estágio bem próximo da barbárie.

Como refere Colombo (1987) o *pater famílias* era considerado, no Direito Romano, a origem do poder *in natura*, do qual todos os outros poderes se constituem - na medida em que o servem - como extensão. Este poder forte é uno, indiviso, masculino e corroborado pelos deuses.

No primeiro momento, tal poder reveste a família com um manto de afetividade e com autoridade incontestável, constituindo-a no principal fundador da sociedade. Desta forma, a sociedade constitui-se a partir do grupamento da família, conservando aqueles tons de afetividade e, simultaneamente, de um autoritarismo extremado, constatado através da hierarquia familiar imposta. Podemos entender então que a partir desta origem a sociedade tem dificultado o processo civilizatório, posto que sua fundamentação vem constituída pela lei da organização familiar, pela ambivalência do binômio amor-proibição.

Registre-se ainda que além de fundamentar a legislação e até em razão disso, o *pater famílias* é proprietário e dono da iniciativa.

O amor repressivo do *pater famílias* brasileiro é modelo para a opção da sociedade por governantes que evocam Deus, a família e o amor filial, no seu discurso hipócrita e corrupto.

É também do *pater famílias* que vem o exemplo para a postura adotada pela sociedade do "jeitinho", da revogação parcial da lei civil em favor das elites dominantes, da reivindicação de penas mais duras (preferentemente a morte) para os chamados "ladrões de galinha", enquanto o poder desfila discursos bem estruturados e bem emoldurados pela gravata de seda, ocupando o seu espaço em um sistema de poder que se eterniza através de campanhas despidas da melhor ética.

Assim como a proteção à propriedade privada é o objetivo maior do *pater famílias*, também o é para todo o poder que dele emana na direção e sentido dos seus dominados. Ele possui a lei e a qualquer sinal de ameaça à propriedade privada, a sociedade ergue-se com o objetivo de preservar os seus "valores democráticos".

Tal postura da sociedade vem reforçada pelo colonialismo europeu em sua pior espécie, resultando, à época, "na figura do ouvidor, do coronel, do fazendeiro, do delegado". Colombo (op. cit.). Acrescente-se, advém do período medieval, da louvação ao pré-saber ditado pela opinião do homem "culto e honesto" gerando o "bom-pai-de-família-que-tem-bom-nome".

O castelo do *pater famílias* guarda uma "santa" e suas "santinhas", estando todas as demais mulheres expostas às irresistíveis investidas do "caçador pré-histórico". A sua "santa cativa" traz consigo pudor e virtude monogâmicos; a ele é possibilitada a aventura. Casanova, permite-se retornar ao "lar" onde é aguardado pelas "santas" que estão preparadas para esquecer e perdoar qualquer traição, o que aliás é apoiado por uma boa parcela dos prestadores de jurisdição. Esta postura é medieval, senão pré-histórica.

A imoralidade brasileira tem suas origens na axiologia do *pater famílias*. Medieval, corrupto, hipócrita, colabora com a perpetuação do poder inescrupuloso vigente há séculos, no Brasil, despido de valores efetivamente humanos e realmente democráticos.

Na criminografia brasileira não são poucos os exemplos de hipocrisia do *pater famílias*, aplaudidos pela sociedade. Dentre tais histórias recomenda-se vista aos delitos passionais, envoltos - por vezes - em verdadeira tragicomédia.

Um deles "abalou a família paulista", em 1899, na cidade de Piracicaba, no hotel Central. Ali o grande pintor brasileiro, José Ferraz de Almeida Júnior, foi abatido por um marido que se deu por traído.

O "amanticida" chamava-se José Almeida Sampaio, era fazendeiro e visitava freqüentemente a casa do pintor (nela hospedando-se) em companhia de dona Laura, a musa desencadeadora dos fatos.

Parece não existirem provas de que aquela senhora houvesse "coroado" seu latifundiário cônjuge, então com a colaboração do inesquecível artista, Ferraz de Almeida.

Da história, interessa a nós que o fazendeiro matou o pintor e foi a júri. Almeida Sampaio, o réu, era aparentado do ex-chefe de polícia do Distrito Federal o qual escolheu para advogado de defesa do criminoso, Prudente de Moraes, que acabava de deixar, sob a admiração da maioria dos brasileiros, a presidência da república." (Menezes, 1950).

Nas vésperas do júri, o ex-presidente desavindo-se com um irmão do indiciado, largou a causa, "ataque de estrelismo" aliás compatível com a condição de "famosos-pouco-profissionais-que-sempre-existiram-e-existirão". Daí decorrem registros efetivamente cômicos. Entre eles (relata Menezes) o de que o réu apelou para um "jovem advogado, sr. Francisco Morato. Este escusou-se, alegando, com louvável escrúpulo e consciência, que tomara parte saliente nas homenagens póstumas a Almeida Júnior, chegando a discursar em nome da Câmara e da população de Piracicaba, na sessão solene levada a efeito no teatro Santo Estevão". Continua o mesmo autor, informando que a insistência de parentes fez com que Morato aceitasse o encargo, uma vez que "em sua oração apenas fizera referências ao valor do artista, não entrando na apreciação do móvel do crime. Todavia reservou-se o direito de não receber honorários".

Almeida Sampaio foi absolvido à unanimidade pelo júri, o qual representa, em cada época, os valores da sociedade. O "amanticida" havia agido com o único objetivo de defender a sua "ultrajada honra".

Como estamos tratando da família brasileira e dos seus remanescentes históricos, convém que façamos uma incursão à família real. Para amenizar, ninguém melhor do que Dona Carlota Joaquina (desde que estejamos bem longe daqueles idos de 1820). Carlota Joaquina de Bourbon viveu no Brasil absolutamente contra a sua vontade. Esta - para ela - "era uma terra de negros e carrapatos", renegando sempre a hora em que as tropas do exército francês invasor a obrigaram a fugir para o Rio de Janeiro: "Vou ficar cega, quando regressar à Lisboa! Pudera! Vivo há quantos anos no escuro, só vendo negros!" Menezes (op. cit.).

Esta era a nossa primeira rainha! Revoltada com a terra que a recebeu com honrarias e afeto (afeto até demais). A rainha possuía extremos de mau caráter, morbidez, sangue escaldante e anormalidades psíquicas. "Era de uma fealdade incrível. Segundo os que a conheceram, era magra, ossuda, angulosa, baixa e defeituosa, tinha uma espádua deslocada e mais saliente do que a outra. Capengava. O peito chato e côncavo. Os braços finos, escuros e cabeludos. A pele áspera e cheia de espinhas apustemadas, o nariz avermelhado, os cabelos intratados. Quando abria a boca aparecia uma fila de dentes comidos de cárie, amarelados e esverdeados de sujos! Nos dias de festa, vestia-se espaventosamente: afogava-se num dilúvio de plumas de avestruz e pedrarias preciosas, tudo arrumado sem arte e sem gosto. Semelhava, no comentário mordaz e na risota dos palacianos, uma perfeita arara... E assim, em conseqüência, devia ser uma mulher martirizada pelos complexos e pelos recalques da fealdade" (ibidem, 1950). Pois bem, Dona Carlota Joaquina, por ciúmes, mandou trucidar a esposa do seu amante. Considerava a pobre mulher como rival das mais sérias, eis que legítima esposa do seu amante amantíssimo.

Acometida por um dos seus ataques históricos, mandou chamar um tal de "moleque-orelha", havendo a este encomendado o desfecho de tudo, o que foi levado a cabo e encarado como um "servicinho" bem pago.

Sobrevieram investigações, para averiguar a morte da triste mulher. Tal inquérito foi presidido pelo "Primeiro Intendente Geral da Polícia da Corte e do Estado do Brasil", conselheiro Paulo Fernandes Viana. Todo o crime e sua trama vieram à tona. O desembargador João Inácio da Cunha foi à presença de D. João VI, relatando-lhe o descoberto. Os autos foram incinerados e o "moleque-orelha", que havia sido preso, foi libertado.

Estes são dois casos, entre centenas. Um demonstra o desenvolvimento originário do machismo na nossa sociedade; o outro, a implantação do poder, caótico, injusto e primitivo porque real, majestático.

A família brasileira pouco evoluiu, mantendo-se machista, racista, analfabeta, sem saúde e com seus valores contemporâneos ditados pelos meios de comunicação.

No que concerne ao machismo (de cujas origens já falamos) é impressionante "a disparidade da condição da mulher em diferentes países;" logo, não é exclusividade brasileira. "Mais impressionante, contudo, é constatar que essa condição não depende do grau de desenvolvimento econômico da nação e, muitas vezes, sequer guarda semelhança com a situação feminina em outros países do mesmo substrato cultural". Folha de São Paulo, "World Media, Mulheres no mundo" (1994).

Vive, pois, a mulher entre a sociopatia do machismo, a paranóia do feminismo e a submissão do hinduísmo, equivale dizer, tem de ser "considerada" sob múltiplos pontos de vista, inclusive sob a ótica religiosa, a qual talvez seja a pior.

A participação das religiões em assuntos do cotidiano determina a manipulação das pessoas, logo do seu pensar, através do medo à morte do espírito, medo ao castigo divino, à loucura, à degradação...

Para o catolicismo, as mulheres não podem ser ordenadas, como os padres o são e somente os anticonceptivos naturais são bem-vindos, embora admitam a procriação artificial (desde que dentro do casamento), prática aliás repudiada apenas pelo islamismo.

Catolicismo, protestantismo, islamismo, judaísmo, ortodoxismo, budismo e hinduísmo, recusam o aborto. O presidente iraniano Hashemi Rafsaniani confirmou que meninas sofrem tortura e pena de morte no Irã, em atitude repressiva. Afirmou ainda que: "as diferenças de cultura, robustez, voz, crescimento, características musculares e força física entre homens e mulheres mostram que os homens são mais fortes e mais capazes em todos esses campos".

"Segundo Hojatoleslam Imani, líder religioso de Poldokhtar, Keyhan: Uma mulher deve suportar qualquer violência ou tortura imposta a ela por seu marido, pois ela está à inteira disposição deste. Sem autorização do marido a mulher não pode sair de casa, nem mesmo para praticar atos de caridade. Senão suas orações não serão aceitas por Deus, e as maldições do céu e da terra cairão sobre ela". (ibidem, 1994). A desobediência significa a morte, que por sua vez não é castigo suficiente, mesmo para uma menina com apenas nove anos de idade. Se morrerem virgens não haverá certeza de que irão para o inferno, logo, são estupradas antes da execução da pena.

Na Índia, país do "Kama Sutra", o livro do amor hindu, as mulheres mais sofrem do que desfrutam do prazer. É o que disse o psicanalista indiano Sudhir Kakar: "Desde o começo da era budista, a sexualidade foi estigmatizada. Vivemos a dominação dos padres, a era medieval e a censura da moral, introduzida pelos ingleses no período colonial e seguida por nossas classes altas. Tudo isso deixou nossa sexualidade muito conservadora. As indianas aprenderam a esconder o seu prazer, de medo de serem acusadas de comportaram-se como prostitutas. O orgasmo se torna importante para as que o conheceram, mas o amor sem orgasmo não é uma catástrofe, desde que a mulher se sinta amada e desejada. O orgasmo não é um fetiche para as indianas." (idem, 1994). Estão aí situações extremas: a da barbárie islâmica e a da submissão da mulher hinduísta.

Do mesmo caderno da Folha de São Paulo, retiramos a

entrevista da ensaísta marroquina Soumaya Namane Guessous, doutora em sociologia pela Universidade de Paris e professora universitária em Marrocos. Disse ela que "a importância do orgasmo - na França - pode ser apenas um clichê, uma vez que dados apontam que lá a maioria das mulheres está insatisfeita. A diferença é que na França as mulheres entenderam que têm um corpo e que têm direito ao prazer. No Marrocos, a mulher continua prisioneira do discurso tradicional que só dá aos homens o direito ao prazer. No que diz respeito à virgindade, os homens - no Marrocos - continuam a valorizá-la, havendo um aspecto religioso nessa sacralização, já que o Corão promete aos fiéis virgens eternas. A noite de núpcias tem uma noção de sacrifício, que sobrevém do paganismo. A pressão se faz sobre os dois parceiros: a jovem oferece sua virgindade como sinal de boa educação e o jovem marido, sua virilidade. Não é raro ele brochar sob essa pressão. Em algumas cidades, há um homem encarregado de intervir nesses casos e ele é chamado de 'friga' (literalmente, o explosor)." Interessante ainda é a postura adotada pelos chineses, relativamente a esta questão da sexualidade e da valorização da mulher. Segundo o professor Pan Sui Ming: graças ao tabu imposto pelas autoridades comunistas durante quarenta anos, somente após os anos oitenta é que pôde falar com as pessoas, nas ruas, pesquisando sobre o tema. O último estudo do professor Pan Sui Ming intitula-se "A revolução sexual na China". Em razão desse trabalho é que veio sua entrevista ao caderno World Media, da Folha de São Paulo, sobre o qual estamos assentando nosso estudo comparativo do tratamento da mulher no mundo.

Para o professor Ming "há na China uma verdadeira revolução, que se estabeleceu após os anos oitenta, com a política de abertura. Tal revolução, diz, precipita-se, depois das grandes reformas de 1992. Os chineses estão saindo de mais de quarenta anos de cultura assexuada." Disse ainda que: "os maiores excessos nesse domínio aconteceram durante a revolução cultural (1966-1976). Tudo feito para abolir o sexo. Uniforme para homens e mulheres; banalização do casamento; crítica ao romantismo e mesmo do sentimento amoroso como emanação do 'sentimento burguês'. A destruição de todas as obras artísticas, musicais ou literárias que tratavam do tema erótico." Esta forma de tratar o amor, o sexo, a mulher e sua sexualidade, adotada pelo comunismo chinês, não nos é tão estranha assim, se enfocarmos e fizermos alguns ajustes no que se refere aos desmandos e imposturas da "santa madre igreja". No Brasil, até o século XIX, a família, a igreja e o Estado ditavam a postura a ser adotada pelas pessoas quanto à sua sexualidade.

Tomando como ponto de referência a cidade de São Paulo, segundo pesquisa publicada ainda pela Folha de São Paulo, sob o já citado título "A mulher no mundo", pode-se afirmar que os valores da mulher brasileira são universais, a saber: saúde, amor, filhos e dinheiro. Seguem outros levantamentos, também importantes, por isso compilados no subitem "5.1", adiante.

Com essa postura feminina (saúde, amor, filhos e dinheiro, priorizados nesta mesma ordem) estaríamos diante de prováveis alterações no quadro de violência existente nas cidades brasileiras e no mundo. Para tanto, porém, torna-se essencial uma maior influência do pensamento feminino sobre o masculino, um equilíbrio de poderes, o que efetivamente se tem mostrado impossível, pelo menos enquanto houver esta permanência do pré-histórico e enquanto o poder conseguir barrar a implantação interna dos tratados internacionais que se dedicam à rediscussão do tema.

"Para Carl Sagan, James W. Prescott descobriu que as culturas que dão afeto a seus filhos tendem a não sentir inclinação pela violência. Inclusive nas sociedades em que não se acaricia muito as crianças, mesmo assim elas desenvolvem adultos não violentos, sempre que não seja reprimida a atividade sexual dos adolescentes. Prescott crê que as culturas com predisposição à violência estão constituídas por indivíduos que foram privados dos prazeres do corpo durante pelo menos uma das fases críticas da vida, a infância e a adolescência. Ali onde se estimula o carinho físico, são apenas visíveis o roubo, a religião organizada e as ostentações invejosas da riqueza. Onde se castiga fisicamente os filhos, tende a haver escravidão, homicídios freqüentes, torturas, cultivo da inferioridade da mulher e a crença em seres sobrenaturais que intervém na vida diária. Para Sagan, esta poderia ser a resposta profunda ao autoritarismo, à carreira armamentista e à loucura nuclear organizada em nosso tempo." (Gaiarsa, 1986).

O que observamos, relativamente ao Brasil, é que vivemos uma estrutura machista - tanto quanto racista - formada pelo *pater famílias* criado sem qualquer uma das atenções necessárias à formação do homem sensível e pensador, logo, humano. Uma sociedade absolutamente pragmática como expressão de uma família sequiosa de poder a qualquer preço, necessidade existente em razão da prevalência dos valores ditados pelo homem sobre a mulher.

Até não muito, admitia-se a constituição da família tão somente pelo ato cartorial do casamento civil, necessariamente ratificado pelo religioso. Evidentemente que em algumas cabeças (a maioria) as coisas se passam assim até hoje.

Contemporaneamente, porém, a família tem sido entendida como "um fato natural que não necessita de qualquer legalização jurídica ou religiosa para constituir-se. Ela é formada sob a égide das relações afetivas que unem seus membros, devendo, portanto, assim ser considerada em qualquer campo, inclusive no Direito. A importância atribuída a vínculos emocionais contrasta com a anterior hipervalorização dos bens patrimoniais, criando condições mais humanas no enfoque jurídico..." (Marracinni, 1994).

Com efeito, o reconhecimento do pai biológico (v.g.) se dá tão somente quando este exerce, efetivamente, a chamada metáfora paterna, eis que dito reconhecimento carece da autoridade do amor e de toda a tradição afetiva que vincula, que funda, este fato natural que é a família.

O domínio da hipocrisia, mediante a confirmação de verdades que não correspondem aos fatos (falácias), não deixa transparecer ao *pater familias* que existem "vínculos relacionais entre os termos família de qualidade e delinqüência juvenil". (Trindade, 1993). E isso apenas para consignar um exemplo de natureza objetiva, restando discutir o que seja exatamente "família de qualidade". Certamente que não é aquela na qual os filhos são educados por "uma fantástica escolarização precoce, nem pelo assessoramento pedagógico e, muito menos, pela delegação indireta aos meios de comunicação social". Trindade (op. cit).

O questionamento à influência dos meios de comunicação sobre a família, já por si só desenvolvida sem a efetiva (e esperada) harmonia entre os seus principais componentes (pai e mãe) é abordagem absolutamente necessária ao enfrentamento do tema proposto por este trabalho.

É que toda a hipocrisia do *pater familias* transborda nos programas televisivos e radiofônicos dirigidos, às vezes, por rizíveis "formadores de opinião".

A televisão brasileira é dominada por oito grupos (Folha de São Paulo, "Oito grupos dominam as TVs no Brasil", 1994). Cada um desses grupos é dirigido por uma família, tudo à revelia do Código Brasileiro de Telecomunicações. Veja o item "5.2", adiante.

A resultante é o controle da mídia eletrônica pelas oligarquias, impedindo-nos qualquer possibilidade de desfrutarmos de uma condição democrática, posto que o poder dos políticos (que são *pater familias* "honrados-cultos-honestos") vem estruturado nessa força sem fronteiras, montado que foi pela ditadura de 1964, justamente para agir no melhor estilo "grande irmão".[2]

Não bastasse coadjuvar com o meio político, os meios de comunicação de massa interagem na formação dos valores da sociedade brasileira, assim o fazendo de forma distorcida, irreal, ampliando a escuridão, já imensa nas cabeças de pessoas mal alimentadas, mal informadas e sem instrução alguma.

Nossa sociedade carece de valores, mas não desses traduzidos pela mídia eletrônica, eivados do evidente pensamento das clássicas raposas oligárquicas, criadas pelo controle dos latifúndios, dos meios de comunicação e do sistema financeiro. Oligarquias que se abengalam em uma ética incapaz de pensar o todo e

---

[2] Personagem principal da obra "1985". Trata-se de um ditador que manipulava a informação. Burguess, Anthony. Porto Alegre. L&PM, 1980.

que se auto-intitula democrática. Qual democracia? Esta que se esgota no voto que escolhe o representante e esquece das suas outras necessárias manifestações estatais, como saúde, educação, segurança, alimentação, trabalho e lazer? Será democrata o Estado no qual morrem de fome trezentos e sessenta mil crianças por ano (quarenta e duas por hora)? Mais importante ainda: será isto um Estado? Não será apenas um sistema de poder (Medieval) sobre as "famílias", produtoras e contribuintes? Esta questão pretendemos enfrentar no item "3", adiante: "O Estado".

Para encerrar a questão da família, o primeiro formador dos valores da sociedade, reportamo-nos à "família hegeliana", muito embora nossa discordância em relação ao entendimento de Hegel e a todo o formalismo coletivista (realistas escolásticos) que colocam o Estado acima da sociedade e dos indivíduos. Acreditamos na supremacia do indivíduo, acompanhando (muito embora com vagar) as tendências escolásticas nominalistas expressadas por autores naturalistas, individualistas e cristãos liberais, complementados por Rousseau, que faz estrutura basilar do contrato social nos direitos e garantias naturais do homem. A contribuição de Hegel para com o presente trabalho se dá através dos *Princípios de Filosofia do Direito*, obra abordada por Hans-Georg Flickinger, em palestra na Universidade de Caxias do Sul - 1991. Hegel pensou a família como uma instituição ética, dentro da moral objetiva. Uma instituição reconhecida como sujeito de direitos e bem assim colocada no contexto social. Tal condição faz da família a mediatizadora dos direitos dos seus membros, porquanto unidade.

O fundamento da família se dá através da sensibilidade, devendo ser constituída pelo amor. Neste seqüencial, o critério constitutivo da família não é racional, mas subjetivo, emocional. Sem o elemento "amor" uma família está desconstituída - de fato - e caminha para a sua desconstituição de direito (se bem que este segundo momento não tem maior importância, pelo menos não a importância que o *pater familias* costuma atribuir.

Elemento que carece de especial atenção é a "unidade",

mesmo porque se trata de conceito básico do direito de família em Hegel. A unidade forma-se em razão do seu fundamento, ou seja, da sensibilidade e do amor. Desse modo, nenhum membro da família apresenta-se fora dela e todos serão vistos como seu membro (filho de..., pai de..., tio de...). Assim, o elemento unidade nada mais é do que a consciência que cada um tem de que a sua individualidade está inclusa, passando cada um a existir como membro, não mais como pessoa. Sabendo-se que unidade é a integração de duas vontades livres, dentro de uma mesma estrutura, o casamento, tanto quanto a união com ânimo definitivo, constituem uma unidade familiar, que objetiva ser reconhecida como uma nova instituição social. A transformação imediata é: "ele e ela" passa a ser "eles"; "eu e tu" passa a ser "nós".

Cada um dos dois entrega sua subjetividade jurídica para esta nova unidade social, a família. O casamento, para Hegel, não é um contrato e não é relativo. É sim, a unidade da substancialidade.

Ato contínuo ao casamento, inicia-se a relação pais e filhos. Estes são - em si - seres livres, com direito à alimentação e à educação. O livre arbítrio dos pais sobre os filhos vem regrado pela finalidade de os manter saudáveis e educados a fim de que possam caminhar para a independência com uma personalidade livre, quer dizer, para a capacidade de saírem da unidade natural da família. Esta saída da unidade é a prática da dissolução ética da unidade familiar, assim quando os filhos assumem a personalidade livre ao atingirem a maioridade, podendo constituírem nova família. Desta forma, então, a família deve preparar os filhos para o salto à sociedade civil como indivíduos, não mais como unidade familiar.

Se a família é (ou deve ser) uma instituição social livremente constituída, fundamentada na sensibilidade e formada pelo amor, integrada por pais e filhos objetivando a preparação destes para a liberdade, deixando a unidade logo que atinjam maioridade, podemos concluir que a formação da sociedade civil livre nasce da "unidade familiar". Com Hegel, vamos somente até aí.

Se a sociedade civil enfrenta dificuldades de natureza ética e valendo a lição tomada de Hegel, não nos resta dúvida de que o primeiro passo para a correção do rumo imprescinde de uma reavaliação dos valores que o *pater familias* transmite ao grupo, o qual, conforme já referimos, sofre ainda a influência nociva dos meios de comunicação de massa.

Evidentemente que não concordamos com a sobreposição do Estado à realidade social vigente, para situar-se na moralidade concreta absoluta, como se depreende dos escritos de Hegel. Mas é verdadeiro dizer-se que a família e a sociedade civil têm uma relação de causa e efeito. Defendemos a idéia de que a família é formadora do Estado, que por sua vez tem de submeter-se àquela.

Como base da sociedade civil, a família propõe uma *volonté génèrale* que expressa a composição livre dos direitos naturais e individuais por direitos civis. Não é assim que se lê, hoje, a família brasileira, porque voltada a posturas fascistas. Grande contradição esta! Por não ser uma família "hegeliana", a família brasileira apresenta-se voltada à idéia de prevalência do estado sobre o indivíduo.

2.3. COMUNIDADES

As comunidades são formadas por sociedades que apresentam características de permanência e defesa do bem comum, transcendentemente aos interesses individuais de cada um.

Nesta linha de reflexão, é possível entender-se também como comunidade: a paróquia, as comunidades municipais, nacionais, etc, não sendo correto que se incluam aquelas que não objetivam o bem comum e que não possuem ânimo de perpetuidade. As sociedades comerciais são grupamentos que se formam com o objetivo de atender interesses individuais, desfazendo-se tão logo atingido tal mister, logo, estão afastadas de tal classificação.

As comunidades proporcionam uma identidade social comum e obtêm lealdades que transcendem às experiências de muitos outros grupos, muito embora possam conter divisões internas (famílias, clãs ou linhagens, grupos étnicos, associações, etc.), segundo Chinoy (1967).

Os limites das comunidades são difíceis de traçar, posto que as maiores absorvem as menores em um todo. Aldeias e cidades estão encerradas em regiões, bairros em cidades, regiões em nações e as próprias nações em uma comunidade internacional (ibidem, 1967).

Quaisquer que sejam, as relações sociais participam de uma cadeia de contatos entre os atores sociais, o que as faz se estenderem através do mundo. Existe uma reciprocidade nas relações atinentes aos grupamentos representados pelas cidades, tribos, nações, aldeias, bairros, etc.

Interessam-nos aqui as sociedades comunitárias, visto que (valendo como verdade a possibilidade de uma cadeia de contatos) através de tais sociedades podemos divisar a possibilidade de vermos trabalhados os valores de uma sociedade societária "sintetizada pela grande metrópole moderna, caracterizando-se pela acentuada divisão do trabalho e pela proliferação de papéis sociais" (ibidem, 1967).

Noticia Chinoy que os sociólogos distinguem dois tipos amplos de sociedade: "Herbert Spencer rotulou-as de militante e de industrial; Sir Henry Mayne fez distinção entre a sociedade baseada no *status* e a sociedade fundada no contrato; Ferdinand Tonnies estremou Gemeinschaft (comunidade) de Gesellschaft (sociedade); Émile Durkheim distinguiu as sociedades unidas por 'solidariedade mecânica' das sociedades unidas por 'solidariedade orgânica'; Howard Becker chamou aos dois tipos sagrado e secular; Robert Redfield emprega as categorias de sociedade de *folk* e sociedade urbana".

A esses conceitos foram incluídos (modernamente) os de sociedades comunitárias e sociedades societárias.

Pequena, a sociedade comunitária apresenta uma divisão simples do trabalho, limitando a diferenciação de papéis, o que determina tenhamos os papéis sociais como inclusivos de aspectos comportamentais, e não apenas relativos ao segmento do indivíduo e atinente ao seu trabalho ou demais atividades. A participação ampla traz como conseqüência uma interação dos atores sociais em todos os contextos, levando a um comprometimento espontâneo do particular com o geral, existindo ainda, evidentemente, a via de retorno a tal compromisso social.

O comportamento do grupo comunitário assim constituído baseia-se no costume, criando - por vezes - uma estrutura jurídico-administrativa própria.

Santos (1988), no ensaio "O discurso e o poder", partiu de uma pesquisa efetuada em uma favela do Rio de Janeiro para (discutindo a retórica jurídica) responder a uma questão primacial: Qual a extensão do espaço retórico ou do campo de argumentação? Com tal mister, buscou a comparação entre a produção jurídica nos países capitalistas e a prática jurídica no interior de uma favela do Rio de Janeiro, à qual denominou Passárgada. A proliferação desses bairros marginais nos grandes centros urbanos dos países do chamado terceiro mundo, são características do processo de produção social das classes operárias industriais, que assim se avolumam em razão do capitalismo que orbita às grandes potências, geridas sob a forma do que podemos chamar "colonialismo contemporâneo".

Constata Santos que as vilas e favelas estabelecem-se em terrenos abandonados, mediante a "construção de barracos ou malocas, com ausência de saneamento, rodeadas pelo jogo, pela prostituição e pelas drogas. Os habitantes de tais comunidades padecem a falta de água, luz, pavimentação e de alimentação adequada".

Suas demandas traduzem-se por lutas internas que põem em risco a sua sobrevivência, levando, por vezes, a um cotidiano selvagem.

Por outro lado, a valorização dessas áreas (sempre nos arredores de grandes centros) determina que os empreendedores pressionem a retirada das favelas, especulando (a qualquer custo) com vistas a que o aparelho estatal remova tais "intrusos".

A possibilidade de tal remoção favorece a que os habitantes

dessas comunidades se unam e organizem, sob pena de extermínio. Organizados, promovem a implantação de infra-estrutura, fundando ainda associações comunitárias, as quais acabam por assumir funções que haveriam de ser do Estado, chegando, inclusive, a administrar conflitos entre vizinhos.

As associações comunitárias intervêm nas relações sociais relativamente à posse das áreas, direitos de habitação e, como dito, nos conflitos interpessoais. Este direito de Passárgada torna-se, consuetidunariamente, válido para todos os moradores, transformando-se em verdadeiro "forum jurídico" que floresce paralelamente ao direito do asfalto ou da cidade. Para Santos, trata-se de uma subcultura jurídica, caracterizada pelo uso intensivo da retórica jurídica. Resulta, evidentemente, da aplicação - gradual e provisória - dos "topoi" (pontos de vista, opiniões, geralmente aceitos; são tópicos, lugares comuns que reportam-se ao que é conhecido).

Os principais "topoi" do direito de Passárgada são os do equilíbrio, da justeza, da cooperação e o do bom vizinho, todos com o objetivo de construir - progressivamente - um juízo que seja aceito pela comunidade e pelas partes envolvidas. Tal aceitação deve ser de forma valorizada comunitariamente a ponto de afastar - marginalizando - àqueles que se apresentem como reacionários à implantação dessa justiça interna.

A par de referências ao direito oficial e dos "topoi", são utilizados instrumentos de retórica como máximas, clichês, slogans, provérbios, referências bíblicas, índices e sinais, que agem como "elementos lubrificantes" do discurso, servindo como aceleradores ou retardadores retóricos. Santos entende a estrutura tópico-retórica desse discurso como um antídoto ao legalismo.

Observou o ensaísta, após comparar os direitos oficial e de Passárgada, serem as seguintes as fundamentais diferenças entre ambos: o conteúdo formalístico do direito estatal é severo enquanto se apresenta indulgente no seu conteúdo ético. Situação inversa se dá com o direito de Passárgada. No concernente à linguagem de referência, o direito estatal contém elevada especialização, é elitizado e utiliza uma superlinguagem seguindo - freqüentemente - o comodismo da dogmática jurídica, enquanto o direito de Passárgada traz um discurso jurídico não-legalista, projetando assim um pensamento que se coaduna com o cotidiano comum. Por decorrência natural, diferem ainda quanto ao modelo decisório e quanto aos recursos tópico-retóricos (lei *versus* "topoi" e mediação *versus* adjudicação).

O autor identifica ainda grande diferença entre os instrumentos de coerção utilizados por um e outro. O direito oficial tem a seu serviço todo o complexo formado pelas forças policiais, os pára-militares, as forças armadas e o sistema prisional. Tal aparelho coercitivo compõe (ou deveria compor) a estrutura da aplicação do direito como centro de disciplinação do controle social pelo Estado. Já o direito de Passárgada praticamente não possui instrumentos de coerção, senão que as formas de pressão que tornam intolerável a cada um a manutenção de determinadas atitudes. Trata-se de pressão social exercida pela comunidade sempre que a cooperação não se apresentar como elemento formador de cada ato de um ou alguns dos seus elementos.

Observamos, principalmente nas favelas do Rio de Janeiro, a questão do domínio hoje apresentado pela "ética" dos banqueiros do jogo do bicho e dos traficantes de entorpecentes, que poderia ser argumentada em detrimento das observações de Boaventura Santos. Ocorre, porém, que tais atividades (banqueiro do jogo e traficante) nem sempre estão imbricadas. Os banqueiros apresentaram-se como benfeitores da favela, levando às mesmas recursos para uma sobrevivência menos desconfortável. Traficantes e banqueiros-traficantes impuseram-se pela força e somente às vezes pelo fornecimento de recursos. O sucesso que desfrutam, como dominadores, independe da vontade dos habitantes daquelas comunidades (de regra trabalhadores) e foi incentivado pela inércia (ou ajuda) de boa parcela do aparelho repressor. De sorte que tal sucesso não pode ser tomado como base para argumentações que objetivem fragilizar as conclusões de Boaventura Santos.

O que importa ao nosso estudo é o distanciamento produzido

pelo Estado em relação a seus cidadãos, através da retórica utilizada propositadamente com o fim de manter elitizada a prestação jurisdicional, tanto quanto a instrução processual. "Súditos" que pensam incomodam e para incomodar precisam de fácil acesso aos meios de prestação jurisdicional. O "consumidor da norma" se vê excluído pelo sistema de aplicação, e mais: a norma vem criada por um legislador que faz parte do sistema oligárquico que o elege, logo, é para ele que trabalha. A lei não pensa na população carente, o poder não se aproxima das necessidades dessas pessoas, que são uma maioria facilmente manipulável, são massa de manobra levada de roldão por planos econômicos cínicos, maquiavélicos, eleitoreiros.

Reconheça-se algum mérito aos esforços de alguns tribunais, mormente o do Rio Grande do Sul, que incentivam os juizados de pequenas causas e foros regionais. Mas é pouco. As resistências conseguem ser maiores do que as pretensas aproximações.

Se uma empresa privada não consegue atingir o mercado de consumo, o departamento de *marketing* é acionado em regime integral. Pesquisas são feitas e o produto é adaptado. Já o consumidor da norma não é consultado nas "democraduras" viciadas pelo poder econômico reacionário e colonialista, por isso essas comunidades facilmente subordinam-se ao direito de Passárgada; têm mais acesso ao informal, que por sua vez diz mais com o seu cotidiano. Há uma resposta direta às dificuldades enfrentadas.

A formação de valores ético-morais realmente sólidos e voltados ao bem comum somente pode ser trabalhada pelo Estado interessado nos seus cidadãos, interesse que se reafirma quando o aparelho oferece ensino, emprego e preserva os valores culturais de cada uma das comunidades. Assim, a cadeia de contatos entre os atores sociais pode fazer proliferar o sentido de bem comum, do particular para o geral; de baixo para cima. Qualquer outra medida é eleitoreira ou manipulativa. Todas as iniciativas que se assemelham a tais providências se têm apresentado apenas como promessas e com o objetivo espúrio de eternizar o poder, antes dos ditadores militares, agora dos ditadores da gravata de seda.

Nas comunidades menores é onde deve iniciar o trabalho sério em favor do bem comum e tal não ocorre por força do insano desejo do poder em manter-se eternamente onde está. Entendem que representaria um risco para sua permanência desenvolver uma população instruída, ética, alimentada e pensante; e nisso têm toda razão.

2.4. POVO, POPULAÇÃO, NAÇÃO, HORDAS, MASSAS

Quando as comunidades se apresentam extensas, com homogeneidade de características físicas e culturais, estamos diante de um povo.

A importância da homogeneidade é ressaltada quando observamos a impossibilidade de dizermos "povo universal", "povo europeu" ou "povo africano".

O povo é constituído por todos os estratos sociais de uma comunidade, constituindo assim a população do Estado. Esta, "considerada sob o aspecto puramente jurídico, é o grupo humano encarado na sua integração numa ordem estatal determinada. É o conjunto de indivíduos sujeitos às mesmas leis, são os súditos, os cidadãos de um mesmo Estado". Azambuja (1982).

O elemento humano do Estado é um povo, mesmo quando formado por diversas raças que tenham "interesses, ideais e aspirações diferentes". Azambuja (op. cit.).

No que concerne às raças, o Brasil teve sua formação populacional fabulosamente miscigenada, constituída hoje de brancos, pretos e mistos, restando os índios como extintos ou em extinção. A contribuição indígena certamente se deu nos primeiros momentos da colonização.

São espanhóis, italianos, poloneses, japoneses, alemães, árabes, turcos, portugueses, miscigenados entre si, formando um grupo social efetivamente diferenciado. "Essa multirracialidade fez com que o racismo se apresentasse bastante velado, quase sem qualquer demonstração de hostilidade. O conflito racial existente é hipocritamente negado, sendo o negro aquele que mais encontra barreiras no seu cotidiano. Em verdade, o preconceito de cor, tal como se apresenta no Brasil, demonstra a existência de um profundo abismo entre o que as pessoas dizem e o que fazem; entre o comportamento verbal e o social". Chinoy (op. cit.).

O povo brasileiro apresenta-se racista e preconceituoso, sendo tão verdadeira tal assertiva que a Constituição Federal manifesta-se proibindo a prática do racismo, apregoando pena de reclusão e declarando tal crime como inafiançável (art. 5º, inc. XLII).

Ora, para que seja tão enfaticamente proibido, é necessário que exista a possibilidade da ação ou omissão, ou sequer constaria a vedação em lei.

Esta questão de povos racistas é interminável. *"The bell curve"* é um livro norte-americano escrito pelo psicólogo Richard Hernstein e pelo sociólogo Charles Murray, onde é enfrentada a questão já identificada pela maioria dos sociólogos deste planeta: existem diferenças entre o que as pessoas dizem e o que elas pensam, a propósito do tema. Essa obra procura provar que aquilo que as pessoas pensam (na América do Norte, no Japão e na Europa, logo, também no Brasil e demais periferias) está correto, sob o aspecto da inteligência e possibilidades dos negros.

Esses autores analisam e cruzam testes de "QI" (quoeficiente de inteligência) para demonstrar que a raça negra é inferior às demais.

O eventual sucesso de tal tese (o livro já é *best seller*) determinaria que as sociedades racistas e o poder que as rege encontrassem uma justificativa para a pobreza e a segregação das quais os negros são vítimas.

Concluem que (na média) os asiáticos e os brancos possuem "QI" superior ao dos negros, uma vez que tais diferenças se mantém mesmo quando as condições sócio-econômicas são idênticas.

A primeira questão que surge ao leitor mais atento é atinente ao que seja exatamente "inteligência".

Do quanto pesquisamos e entrevistamos, pudemos identificar

que os cientistas não conseguiram ainda uma definição do que seja inteligência e tampouco se sabe exatamente o que é raça. Observamos ainda que não existem teses convincentes quanto à historicidade das diferenças físicas, o que determina concluir-se não existirem também teses realmente persuasivas a propósito do papel da genética nas diferenças de "QI". Equivale dizer, o livro é bem pouco científico, em que pesem os *grid* que apresenta, cruza e compara.

Quando medimos a inteligência de alguém, estamos querendo saber qual o *quantum* de comportamento que esta pessoa adota, relativamente àquilo que entendemos como ideal.

Existem, porém, as possibilidades ambientais e culturais, determinantes de maior ou menor aproveitamento das potencialidades de cada um.

Assim, se o negro não se volta à ciência (que para a cultura americana é primordial), mas sim para as artes (no que é fabulosamente criativo e sensível), não se pode dizê-lo desinteligente, como o fazem os autores em tela. Talvez possamos identificá-lo como distanciado de uma postura pragmática. E, de fato, para a cultura contemporânea, não ser pragmático equivale a ser desinteligente ou louco, quando não, vagabundo.

Segundo aqueles autores, a desigualdade entre brancos e negros americanos vem pautada na desigualdade dos "QI" que apresentam. Assim sendo, o negro seria pobre, porque desinteligente.

Esta, porém, não tem sido a nossa leitura. A sociedade norte-americana é composta (a nosso sentir) por vândalos. Um povo que se orgulha das invasões que o seu exército leva a cabo em outros países, tendo-as como rotina, identifica-se com "Hagar" (perso-nagem *viking* das tiras de Dik Broune).

Há então um conflito entre o "inteligente guerreiro" e o "inteligente artista", a música assim o testemunha. Provavelmente, se o teste fosse fundamentalmente destinado a medir a musicalidade, a maior sensibilidade e a mais perfeita criatividade, os negros teriam - em qualquer lugar do mundo - o mais elevado "QI".

O povo brasileiro mantém uma distância maior do que aquela dos americanos entre o que pensa e o que diz, porque carrega consigo a mesma intensidade de preconceito, advinda do seu pré-saber ou saber pré-científico e o esconde com maior hipocrisia do que a daquela população do norte.

Hoje, os temas científicos trazem conclusões fortemente amparadas na política e na economia, fazendo dos efeitos fato consumado sobre as causas, o que leva a uma predeterminação das conclusões das pesquisas.

Quem de nós esqueceu - falando-se de inteligência - o colega nota dez da classe, o qual - encontrado anos após - demonstrou-nos uma mediocridade profissional também nota dez.

Estamos com Coelho (1994), segundo o qual "a inteligência não se mede pelos testes de 'QI'. Envolve um grau de imaginação, de indisciplina, de revolta, de dúvida que os otimamente classificados nos testes científicos não conseguem ter".

Retomando a questão da miscigenação, é necessário consignar-se que esta trouxe grandes vantagens consigo, embora a colonização tenha determinado uma não-aceitação do Brasil, pelas pessoas. Não como sua nação. Entenda-se nação com o sentido traduzido por Azambuja (op. cit.), ou seja: "um grupo de indivíduos que se sentem unidos pela origem comum, pelos interesses comuns e, principalmente, por ideais e aspirações comuns. Povo é uma entidade moral no sentido rigoroso da palavra; ...nação, é uma comunidade de consciências, unidas por um sentimento complexo, indefinível e poderosíssimo: o patriotismo".

É verdade que o Brasil difere daqueles povos que não conseguem formar uma nação em razão da imensa distância entre os seus interesses econômicos e morais, bem como do ódio entre raças. É que, uma vez ocorrido o fenômeno da miscigenação, tal possibilidade deixou de existir, o que se mostra como fator positivo.

A face negativa desse processo advém do fato de que o elevado índice de miscigenação e a espécie de colonialismo, formadores do Brasil, sem compromisso algum com esta terra, mas sim com o único objetivo de enriquecer e voltar à pátria de origem, construiu um país no qual todos se sentem estrangeiros, inexistindo entre a maioria dos brasileiros o sentimento de pátria.

Os descendentes de colonos consideram como sua pátria a mesma dos seus avós, pais, bisavós. Assim, não se dedicam ao Brasil como sua nação, sendo possível observar-se ainda que olham com descaso, com desprezo, aos seus pares, porque estes seriam brasileiros; eles não.

Quanto ao termo "população", é de registrar-se que não se trata de simples aglomeração de pessoas. As várias sociedades ou associações (família, partidos políticos, sindicatos, etc.) formam um conjunto orgânico. Cada uma dessas associações enquadra seus interesses e suas atividades de modo a participarem do Estado. A esse conjunto orgânico denominamos população.

Já as hordas são agrupamentos humanos desestruturados que buscam assumir atitudes de natureza coletiva pelo uso da violência. Ausente uma estruturação que apresente comandos regulares legitimados, assumem proporções que põem em risco tudo que a seu redor estiver. Nas hordas desenvolvem-se (sempre que não controladas de imediato) uma psicologia das multidões ou massas.

Uma mensagem do Papa Pio XII (1944) traz reflexões a propósito das massas, dos povos e do Estado. Disse ele que: "o povo vive e movimenta-se por sua vida própria. A massa é inerte e só pode ser movida do exterior. O povo vive da plenitude da vida dos homens que o compõem, cada um consciente das suas responsabilidades e das suas convicções. A massa, pelo contrário, espera o impulso exterior e constitui joguete fácil nas mãos de quem explore os seus instintos, achando-se pronta a seguir hoje um estandarte e amanhã outro... O próprio Estado, nas mãos de ambiciosos agrupados artificialmente pelas suas tendências egoístas, pode, apoiando-se na massa, tornar-se uma pura máquina, impondo arbitrariamente a sua vontade à melhor parte do povo. O interesse comum, por essa forma é lesado gravemente, por período longo, e a ferida resultante é, muitas vezes, dificilmente sanável. Daqui resulta também uma outra conclusão: a massa é a principal inimiga da verdadeira democracia e do seu ideal de liberdade e de igualdade... Num Estado democrático deixado ao capricho arbitrário da massa, a liberdade, dever moral da pessoa, transforma-se numa pretensão tirânica de dar livre curso aos impulsos e aos apetites humanos, em detrimento de outrem. A igualdade degenera num nivelamento mecânico... Sentimento de honra, atividade pessoal, respeito da tradição, dignidade, tudo, em suma, que dá valor à vida perece, pouco a pouco, e desaparece. Apenas sobrevivem, de um lado, as vítimas enganadas pela fascinação aparente da democracia, que na sua ingenuidade, confundem com o espírito de liberdade e de igualdade; e, por outro, os aproveitadores, mais ou menos numerosos, que souberam pelo poder do dinheiro ou da organização, assegurar-se uma condição privilegiada e a conquista do próprio poder".

Pronunciado em 1944, de lá para cá (e mesmo para antes) este discurso em nenhum momento deixou de servir diretamente para o povo, a população, a nação e para as massas do Brasil.

Estamos com Freitas (1986), segundo o qual "o povo mais do que reforma de texto, necessita de reformas de contexto! Milhões e milhões de irmãos não têm condições humanas de subsistência. Fortunas cada vez mais explícitas e sem censura, somadas à crise política do continuísmo, custam milhares de vidas por dia. E ainda tentam atribuir tais mazelas à natureza humana, ou à explicação cômoda de que é o ônus da liberdade... Vale dizer, estamos diante de um comodismo injustificável, de uma ausência ou desvio de perspectiva em relação ao futuro."

2.5. ESTRATIFICAÇÃO SOCIAL

Para falar de classes sociais ou de estratificação social, é essencial trabalhar com a obra de Karl Marx, "O Capital", segundo a qual: "a luta pela existência aparece na sociedade humana sob a forma de guerra de classes entre si, e guerra de indivíduos entre eles próprios no seio da classe dominante; guerras suscitadas por interesses materiais. A guerra das classes, criadas pelas relações econômicas das diversas épocas, é a que domina todo o movimento histórico e explica as diferentes fases da civilização. Guerra de classe e nada mais, era o que escondiam o sentimento oco, as fórmulas pomposas, as majestosas aparências e os imortais princípios dos constituintes e dos convencionais. Assim, nós outros ao divulgá-la, longe de desconhecer a história, somos fiéis às suas lições. Tem-se tratado de legitimar cientificamente a existência de classes e de justificar as desigualdades sociais, baseando-se na teoria de Darwin, na seleção natural que resulta da concorrência vital da luta pela vida".

A concorrência vital da luta pela vida leva ao que Marx chamou de extenuação do indivíduo. Entende que é preciso haver entre os homens uma ação comum, "a solidariedade na luta contra o resto da natureza, devendo ser esta tanto mais fecunda quando todos os esforços se concentrarem neste ponto, não se desperdiçando uma parte da atividade em uma luta intestina".

Disse que o trabalho humano é tanto mais produtivo "quanto está baseado em uma combinação mais lata de trabalhadores que funcionam juntos com um mesmo objetivo, semelhante modo de execução do trabalho tende a excluir a luta e a divisão entre os homens".

Historicamente, cada classe teve a sua época de predomínio, entendendo-se como "classe" os grupos, fechados ou não, caracterizados de acordo com o seu gênero de trabalho, formação, propriedades, direitos políticos, encontrando-se unidos em razão de interesses ou de ideais comuns.

Na Antiguidade, primeiramente dominaram os nobres, os quais deixaram, compulsoriamente, espaço para a classe burguesa, com o advento da *Revolução Francesa*.

Marx não pretendeu o domínio da classe operária, como apregoam os seus contraditores capitalistas. O que Marx sonhou foi *uma ação comum e solidária entre os homens*.

Autores como Siches (1965) e Santos (1971) convencem aos menos observadores de que a democratização da sociedade ocidental (que praticamente provocou o desaparecimento da nobreza) fez diminuir a separação existente entre as classes.

Pretendem que as classes modernas se encontram em contínuo processo de transformação, verificando-se nas mesmas a *mobilidade social*, tanto vertical quanto horizontal. Deste modo, as classes sociais não fazem (no entendimento dos citados autores) mais parte da estrutura social, mas sim constituem elementos dinâmicos da organização social.

Essas observações não sintonizam com o quadro brasileiro, país movido à corrupção e miséria desde o seu descobrimento. Um país onde as classes burguesas, efetivamente, utilizam de todo o seu poder feudal para impor-se e acumular riquezas, explorando os menos favorecidos. Isso é fato consumado, não há como contra-argumentar.

Dizer que nas sociedades contemporâneas a estratificação social não é rígida é não referir o Brasil.

Por outro lado, os que defendem a estratificação existente, contra a idéia de Marx, trazem uma retórica inspirada na certeza de que a pirâmide social jamais desaparecerá, em face de os homens possuírem uma tendência natural e irreprimível de formar grupamentos hierarquizados.

A estratificação rígida, tal como se apresenta no Brasil, foi sempre defendida pelo poder econômico e pelas religiões, que sempre andaram a par e passo com as elites dominantes.

Não podemos esquecer que no período pré-colonial brasileiro, tanto quanto no colonial, a igreja vinha subordinada ao Estado português através de uma troca de concessões. Aquela não criaria problemas e este que, por sua vez, deixaria a igreja organizar-se nas terras descobertas.

Estas duas instituições - Estado e igreja - colonizariam o Brasil e, como sabemos, a religião do Estado tinha obrigatoriamente de ser adotada pelos seus cidadãos.

A propósito dessa manipulação da mente humana, pelas oligarquias, através das religiões, Umberto Eco (1972) colecionou *Mentiras que parecem verdades*, obra na qual traz catalogados "os mais gastos 'clichês' do século passado sobre a pobreza" utilizados pelas religiões, pelo poder e por educadores culturalmente preguiçosos que acabam favorecendo o plano ideológico-pedagógico daqueles interessados em manter o sistema no estágio medieval em que se encontra atualmente. "Na maior parte das vezes o pobre aparece apenas para que seja afirmada, em altos brados, a sua condição privilegiada, a sua tranqüila felicidade, a sua vizinhança com Deus, o imenso prazer que ele tem com a sua 'falsa' desventura." Examinando a coletânea de Eco, observamos que ao longo dos séculos o poder evidenciou uma necessidade muito grande de provar que a finalidade de toda a sociedade feliz é a de produzir o maior número possível de miseráveis. Tal postura nos vem sendo perpassada desde a antigüidade, chegando aos dias de hoje com a mesma carga de preconceitos medievais de todo o restante do saber humano.

Dentre as citações que se pode trazer desta obra de Umberto Eco, estão as seguintes, que se apresentam hilariantes:

A sorte dos pobres

Os ricos possuem muitas coisas para comer e podem viver no ócio. Isto provoca freqüentemente doenças que os pobres, graças a Deus, não conhecem. Há males que se escondem apenas nos pratos, nos copos, nas poltronas de seda e nas camas macias.

A casa feliz

Rosa levanta-se todas as manhãs e trabalha como uma louca cantando, cantando...

Com aquela mulher - as pessoas dizem - a casa pobre não é infeliz.

Como eliminar os pobres

São Francisco encontra um leproso, dá-lhe uma esmola e depois continua seu caminho. De repente, volta parta traz e beija-o sobre as feridas, dizendo-lhe "irmão!"

O pobre agradeceu-lhe com um sorriso luminoso. O cavaleiro montou novamente seu cavalo e partiu com o coração mais alegre. Pouco depois, virou-se para acenar com a mão ao leproso: este não estava mais lá. Em seu lugar, havia desabrochado uma rosa.

Príncipe esperto (e sádico)

Príncipe encontra pobre que pede que seja feita caridade a

irmão. Príncipe afirma não ter irmão pobre e mendigo lembra-lhe serem irmãos em Cristo. Príncipe comovido dá esmola. Cena repete-se por dez dias, sem que o príncipe compreenda lição e toda vez cai na armadilha. No décimo primeiro dia, príncipe veste-se de pobre e pede caridade ao mendigo, o qual, com óbvio egoísmo de indigente, afirma não ter irmãos. Príncipe, então, teatralmente, revela-se sob disfarce, dizendo "Ah, ah! Você só é irmão de príncipes!" e pega de volta suas moedas de ouro.

Segundo Chinoy (op. cit.) "as diferenças entre aristocratas e plebeus, prósperos e pobres, governantes e governados, têm sido encaradas como o resultado de diferenças inerentes aos homens, como produto de forças institucionais sobre as quais os homens têm escasso controle, como padrões sociais que contribuem para o funcionamento da sociedade, como manancial de conflitos e tensões. A estratificação pode ser considerada um processo, uma estrutura, um problema; pode ser vista como aspecto da diferenciação de papéis e status na sociedade, como divisão da sociedade em grupos ou quase-grupos sociais, como a arena social em que se apresenta o problema da igualdade e da desigualdade - ou como tudo isso ao mesmo tempo".

O mesmo autor refere que a definição de classe como sendo o grupo que compactua da mesma posição econômica na sociedade é anterior a Marx e o seu "Manifesto Comunista". Aristóteles haveria observado que em todos os Estados existem três elementos: uma classe muito rica, outra muito pobre e uma terceira, média.

No início deste século, os norte-americanos defendiam a noção de que a sua sociedade era composta apenas pela "classe média" - ou seja - era uma sociedade "sem classes". Tal pensar desenvolveu-se porque a idéia de classes vinha (como ainda vem) associada a Marx. Aqueles americanos-do-norte que apreciassem as teorias de Marx eram considerados *comunistas,* logo, criminosos. Aliás, o mesmo ocorreu no Brasil (lembrando-se o período do golpe militar de 1964).

Na América do Norte, essa idéia passou a perder força desde 1940, em que pese a natureza reacionária daquele povo. Seus cientistas sociais reconheceram a existência de diferenças de classes, passando então à pesquisa profunda neste terreno.

Mas, se para Marx a estratificação deveria ser estudada tomando-se em conta as relações de propriedade, Adam Smith, em contrapartida, oferece irretocável contribuição à economia capitalista do *laissez faire*, através da sua obra "A riqueza das nações".

Para Smith (1978) "todo o produto anual da terra e do trabalho de cada país... divide-se, naturalmente, em três partes: a renda da terra, os salários do trabalho e os lucros do dinheiro; e constitui uma renda para três ordens diferentes de pessoas: para aquelas que vivem de rendas, para aquelas que vivem de salários e para aquelas que vivem de lucro. Estas são as três grandes ordens originais e componentes de toda sociedade civilizada, de cuja renda deriva finalmente a de qualquer outra ordem".

Já segundo Guareschi (1994) existem três teorias principais de classe social. Na primeira, as pessoas vêm alocadas em determinada classe, segundo a sua renda, acrescida - para alguns estudiosos - da profissão e da educação. Este, inclusive, é o entendimento da chamada linha norte-americana.

Disse Guareschi que "o único problema para quem aceita tal teoria de classe é tentar descobrir qual desses três fatores é o mais importante, qual condiciona os outros. Se você for examinar a maioria dos artigos que tratam sobre classe dentro da escola funcionalista, que se expandiu enormemente nos Estados Unidos e seus satélites culturais, vai ver que já foram *provadas* todas as hipóteses, isto é, já se *provou* que o que causa o alto grau de instrução é a renda alta, e vice-versa; já se *provou* que a causa de um alto grau de instrução é uma boa profissão, e vice-versa; já se *provou* que a alta renda decorre de uma boa profissão, e vice-versa; e já se *provou*, também, que uma alta renda decorre de uma boa educação; e vice-versa. Então você pode escolher".

A segunda principal teoria entende que a classe social é determinada pelo padrão de vida (padrão cultural). Assim, uma determinada classe viria composta por pessoas que têm as mesmas idéias, mesmos ideais, mesmo estilo de vida e os mesmos comportamentos relativamente ao consumo.

A terceira tese, ainda conforme Guareschi (op. cit.), parte da premissa: "o que determina as classes é a posição que cada um ocupa na produção e essas posições são basicamente duas: capital e trabalho". Isto porque a questão inicial é: "o que é uma classe social? ...o que é que transforma os operários assalariados, os capitalistas e os proprietários de terras em classes sociais"?

Guareschi tem a convicção de que "se quisermos saber por que alguns ganham pouco e outros muito, temos de ir ao início, ao motor, isto é, ver o lugar que cada um ocupa no processo de produção, que nos casos capitalista e comunista são de dominação dos que detêm o capital ou o poder do partido, respectivamente."

Definidas as classes sociais, segundo cada uma das duas primeiras teorias, conclui-se pela impossibilidade de mudanças, o que atende às expectativas das oligarquias."... se eu defino classe social como sendo determinada pela renda-profissão-educação, e depois faço a pergunta: Como mudar? Como fazer com que alguém da classe baixa passe para a média-baixa, ou média? O que ele deve fazer? Se eu defini classe como sendo causada pela renda-ocupação-educação, a resposta é imediata: se quiser mudar de classe, deve ou trabalhar mais (mais renda), ou estudar mais (mais educação), ou conseguir um bom emprego (melhor profissão), ganhar mais, mas ao mesmo tempo vai enriquecer mais o capital, pois vai dar mais lucro ao dono do meio de produção que, através da exploração de quem trabalha, vai se enriquecendo sempre mais. É extremamente útil aos donos do capital que as pessoas trabalhem sempre mais, pois isso os vai enriquecendo sempre". Guareschi (op. cit.). O mesmo raciocínio é válido para a questão da educação e do emprego.

Nos efeitos da terceira teoria, observamos que a intenção de alguém em passar de trabalhador a proprietário de meio de produção provocaria um mal estar, senão um tremor nas estruturas de dominação e exploração. Evidencia-se, então, que a mudança de classe determina mudanças no sistema. Quanto mais pessoas mudarem de classe, mais mudanças ocorrerão no sistema. Por isso o bloqueio é grande. Por isso o poder defende ou a primeira ou a segunda teoria como verdadeira. Com isto, conseguem mais mão-de-obra de *obedientes cordeirinhos que um dia poderão ascender às classes superiores através de um bom emprego*. Reconhecessem a validade da terceira teoria, estariam incentivando as pessoas a - efetivamente - evoluírem, sob o ponto de vista da estratificação social. Tal evolução causaria alteração na superestrutura, debilitando o mecanismo engendrado ao longo dos séculos pelas elites.

No que concerne ao Brasil, acrescente-se que a evolução e a configuração das classes sociais teve influências que se aliaram à esta questão da ideologia de classes, assim os fatores de natureza demográfica, política, falta de ética, apropriação indébita, desvio de verbas públicas, confusão entre ordem política e ordem privada, nepotismo, preconceitos raciais e culturais, predomínio do pré-saber, tudo segundo o interesse das classes dominantes.

O principal elemento branco participante da formação da sociedade brasileira, no período colonial, foi o português, advindo da *pequena nobreza* e das camadas populares daquela terra.

Vieram para as atividades de governadores, donatários e funcionários governamentais, bem como para se tornarem os primeiros senhores de engenho.

Em qualquer desses casos, tinham como objetivo a exploração da colônia. Pretendiam enriquecer rapidamente, para retornarem o quanto antes.

Porque possuíam poder, determinado pela sua força bélica, inauguraram uma sociedade: *escravista e agrária* que tinha como centro o engenho; *aristocrata*, com absoluto poder sobre a terra, logo, com domínio total sobre as demais pessoas, posto que estas não tinham alternativa que a de sobreviver nas terras dos seus senhores; *patriarcal*, uma vez que o *pater famílias* detinha o poder de vida e de morte sobre seus dependentes (assim também entendida a sua esposa), bem como sobre seus escravos. A *sinhá* (esposa do senhor do engenho) não possuía prestígio algum e a *sinhazinha* (filha de ambos) era obrigada a casar-se com o marido que o pai escolhesse, sob pena de ser enviada para um convento a fim de seguir a *carreira religiosa*.

Nesse primeiro estágio, eram duas as classes sociais: a do senhor e a do escravo. A par dos escravos, viviam no engenho: o padre capelão (sempre rodeando o poder econômico), os mulatos e as mulatas (filhos do senhor de engenho ou dos seus principais servidores brancos com as escravas) e alguns trabalhadores livres assalariados que exerciam os cargos de feitor, caixeiro (fazia caixas para transporte do açúcar), mestres do açúcar, etc.

Ainda nesse contexto social, encontramos os padres da *Companhia de Jesus*, os jesuítas. Criada por Inácio de Loyola (século XVI), a Companhia de Jesus objetivava combater os protestantes, reafirmar a fé cristã, defender a igreja e divulgar o catolicismo.

No Brasil, a Companhia conseguiu beneficiar a metrópole, os traficantes e os jesuítas em particular, tudo isso pela utilização da catequese. Admitiam a escravidão do negro (que não era considerado gente), embora protegessem o índio. Proteção suspeita, posto que estes, catequizados, trabalhavam para os jesuítas gratuitamente.

Ensinavam aos negros que deviam obedecer aos senhores de engenho, posto que Deus não perdoava (como não perdoa até hoje) os desobedientes e os rebeldes.

A escravidão gerou grandes fortunas, não apenas àqueles que traficavam para o Brasil, mas também para os que comercializavam escravos para outras colônias. Setenta milhões de negros africanos foram escravizados e assassinados do século XV ao XIX.

Para os que gostam de exaltar a sociedade norte-americana, em razão dos seus desenvolvimento e patriotismo, convém comparar o nosso vício de origem, relativamente ao espírito dos colonizadores lá do norte ao chegarem àquela *terra prometida*.

O Brasil iniciou "sem um projeto viável de colonização, repartido entre amigos em vastíssimas áreas que compunham as capitanias hereditárias, povoado por degredados e celerados de todo o tipo, pilhado por corsários de várias nacionalidades, habitado por indígenas refratários à civilização, empestado pela escravidão e antes que pudéssemos ser uma nação brasileira, o máximo que conseguíamos ter era uma *terra brasileira* mera fonte de onde se extraíam matérias primas". Habib (1994).

Enquanto isso, a sociedade norte-americana formava-se pela mão dos "puritanos do *mayflower*, que para lá foram, acossados pela perseguição religiosa. Estabeleceram-se com o ânimo definitivo naquelas terras para ler a Bíblia, ajudarem-se uns aos outros, trabalhar e construir uma nação que lhes faltava". Habib (op. cit.).

O objetivo extrativista dos colonizadores que vieram para o Brasil caracterizava-os como gananciosos e desprovidos de ética, logo, corruptos.

A cínica e corrupta nobreza rural do ciclo da cana-de-açúcar (1550 a 1650) era agraciada com títulos honoríficos e detinha o poder de governar, confundindo a ordem política com a ordem privada, fato que varou o tempo, marcando as nossas atuais instituições políticas.

Toda a espécie de corrupção, desvio de verbas e exploração foi praticada em tal período (como até hoje), fazendo-nos recordar o *Sermão do bom ladrão*, do padre Antônio Vieira, que teve de defender-se diante do Santo Ofício, outra monumental quadrilha (ou bando) de corruptos. Disse Vieira, que "não são só os que cortam bolsas ou espreitam os que se vão banhar, para lhes colher a roupa que são ladrões. Os ladrões que mais própria e dignamente merecem este título são aqueles a quem os reis encomendam os exércitos e legiões, ou o governo das províncias, ou a administração das cidades, os quais já com manha, já com força, roubam e despojam os povos. Os outros ladrões roubam um homem, estes roubam cidades e reinos: os outros furtam debaixo do seu risco, estes sem temor, nem perigo: os outros, se furtam, são enforcados, estes furtam e enforcam". Vieira (1986)

No ciclo do ouro, surgem novos estratos, muito embora, sob o ponto de vista econômico, ainda se possa afirmar a existência de uma dicotomia nas classes sociais brasileiras.

Abstraindo a questão econômica, classificamos os estratos então existentes em: (a) proprietários rurais, oficiais da administração administradores de minas, senhores de engenho; (b) algo assemelhado à classe média ou classe intermediária. Essa camada intermediária vinha composta pelos habitantes das vilas e dos povoados, assim os literatos, clero, artesãos, pequenos comerciantes e proprietários, capatazes, índios catequisados, etc; (c) trabalhadores servis (a maioria da população).

Ao período colonial seguiu-se o imperial, com a vinda da família real (fugindo de Napoleão em 1808), fato que produziu algumas modificações na sociedade brasileira.

A situação encontrada foi de miséria e ausência de qualquer plano que objetivasse resolver tal situação. Ora, a chegada de D. João provocou a entrada de nada menos do que quinze mil pessoas com suas respectivas *tralhas reais*.

Essa inundação de sangue azul determinou a melhoria das cidades, bem como a idéia de aqui criar-se um novo império.

O impulso foi grande. Escolas, imprensa, museus, Banco do Brasil, e acima de tudo, uma real e mastodôntica evolução nos procedimentos voltados à corrupção.

No período colonial, uma das formas de enriquecimento ilícito era o contrabando, no que aliás os jesuítas eram mestres, pelo singelo estratagema de remeter ouro no interior dos santos de barro. Agora, no império, a corrupção sofisticava-se, porque praticada pela nobreza, seus ministros e demais palacianos.

Conta Habib (op. cit.) que ecoavam pelo país, ainda ao final do período imperial, os anátemas de Ruy Barbosa "condenando os abutres do tesouro, esses predadores do erário público. Com a percuciência do cientista político e a sensibilidade do humanista, nada lhe escapava à análise, à observação sempre muito bem cuidada nos escritos que publicava todos os dias, no Diário de Notícias. Num desses artigos memoráveis que escrevera, Ruy advertia para a necessidade de retomar-se o princípio da moralidade administrativa, já que eram freqüentes os casos de improbidade e desvios de verbas públicas".

Segundo Schneider (1990), quando ocorreu a desagregação do padrão social arcaico, havendo iniciado um novo, originou-se nova estratificação social. Tal desagregação ocorreu entre 1825 e 1930, no ciclo do café, tendo sido propiciada pelos seguintes fatores:

(a) a abolição da escravatura, representando o fim do período senhor-escravo, (b) a proclamação da República, como fator político e como resultado das novas idéias que se começam a difundir, integrando diretamente no plano político-social; (c) a crise agrária, representando o ocaso do império. Há uma crise de braços, de preços e da estrutura agrária, a qual representava o esteio do império; (d) o próprio crescimento demográfico acelerado contribui para modificar a composição da sociedade brasileira, (e) a secularização dos mecanismos tradicionais de controle social e da vida individual, surgindo uma nova atitude diante da vida e do mundo, multiplicando-se os contatos sociais.

Nada disso, porém, alterou a questão da estratificação, quer dizer, a aceitação de um exame mais aprofundado nas determinantes do conceito de classes não se afigurou necessária, segundo o pensar contemporâneo. Aceitou-se os conceitos trazidos pelas duas primeiras teorias que referimos quando citamos Guareschi (1994).

Da formação das classes sociais e da família, no Brasil, tal como efetivada, resulta a prevalência das ideologias voltadas aos interesses das oligarquias, com todos os seus sintomas retrógrados aceitos por uma boa parcela da sociedade que busca subir na escala existente através de cargos públicos, herança dos grupos que rodeavam a monarquia formada por bajuladores do poder. Pessoas que se mantêm pelo trabalho que exercem de vigiar e controlar àqueles que se apresentam como agentes de mudança.

No seqüencial histórico, posterior aos períodos sobre os quais discorremos, tivemos a Inconfidência Mineira, que não serviu para proporcionar uma virada nesta formação insensível do inconsciente coletivo, que tanto mal faz à sociedade brasileira. Embora o simbolismo daquele movimento, ao final prevaleceu a versão dos colonizadores.

Mais tarde, os militares reforçaram o seu pensamento com parte das idéias positivistas que traziam a tendência ao fortalecimento do Estado, através da sua modernização, o que justificou a ditadura republicana na defesa de um poder Executivo forte, ou seja, um caminho aberto à ditadura militar, posto que dito fortalecimento sintonizava com o intervencionismo. Bem mais adiante, defrontamo-nos com o *milagre econômico*, que pretendia um crescimento do país sem qualquer alteração no *status* das classes sociais, existentes antes com o mesmo padrão sócio-econômico de hoje.

Para Fausto (1994), uma das "questões atuais mais importantes é a da recuperação do Estado e da redefinição do seu papel. O Estado brasileiro, dilapidado por elites espertas e sob o peso burocrático quebrou no final dos anos oitenta. Sua máquina apodreceu em várias partes. É quase impossível imaginar que o Estado volte a ter o papel que desempenhou no passado, seja no regime democrático de 1945 - 1964, seja no regime militar, mas é quase impossível também imaginá-lo reduzido a 'Estado mínimo'. A mão invisível do mercado (a mão dos oligopólios) certamente não estabelecerá prioridades sociais nos investimentos e nem atenderá às necessidades básicas da população.

Outra das questões decisivas dos anos que estão por vir será a da preservação do regime democrático, apesar das carências e da desigualdade social. Se os problemas não começarem a ser atenuados, se não houver razões para a população acreditar em seus representantes, a democracia se converterá não em valor universal mas em uma palavra vazia. Pior ainda, será associada à irresponsabilidade dos políticos, aos privilégios e à desordem".

O que temos observado no Brasil é a existência de uma estratificação social determinada pelo lugar que cada um ocupa na produção (capitalista ou trabalhista). Esta, a par de não ser reconhecida assim, vem influenciada pela corrupção do poder, a qual se transmitiu às populações pelo fenômeno do contágio hierárquico, formando os valores distorcidos que circulam através das nossas classes sociais.

O fato de que enganar e obter vantagens a qualquer preço pode propiciar o salto de uma para outra classe faz com que tais

melhorias individuais sejam aceitas pela maioria, tanto quanto quaisquer outros métodos hipócritas.
  A desagregação do padrão social arcaico de que fala Schneider (op. cit.), originadora do novo padrão social, se fez em razão da industrialização, da urbanização, da implementação do ensino e da burocracia necessária à hierarquização empresarial.
  O fator-chave, a industrialização, alterou o sistema de produção, até então de base agrária. Tal alteração foi geradora - no primeiro momento - de elevada taxa de emprego, quadro que se modificou quando da automação da produção. Relativamente ao aumento da população, a taxa de empregos reduziu-se na proporção inversa, determinando à abundância de uma mão-de-obra de baixo custo, porque sem qualificação.
  No que concerne à urbanização, que teve relação de crescimento diretamente proporcional à industrialização, esta evidenciou a decadência do setor rural. Equivale dizer: a urbanização foi conseqüência, tanto da decadência do setor rural quanto do incremento da industrialização.
  Ainda como decorrência da industrialização, apresenta-se a implementação do sistema de educação, em face da necessidade de preparar-se mão-de-obra qualificada para o setor industrial crescente.
  Tudo isso veio seguido pela necessidade de burocratização do setor público, como resultante do intervencionismo do Estado na economia.
  Nos setores privado e estatal, criavam-se as funções auxiliares, técnicas, executivas e diretivas.
  A tendência foi, desde então, a concentração da renda da terra e do capital, aliada à inflação, que nasceu com a República.
  Os padrões de estratificação gerados por esse processo, têm abordagens interessantes em Singer (1981), Araújo (1974) e Jaguaribe (1988).
  Fernandes (op. cit.) fundamenta as conclusões de Schneider, também já citado neste capítulo. Divide a população em dois grandes grupos, os quais são vistos segundo a sua participação no processo produtivo.

Bem próximo do entendimento de Guareschi (op. cit.), classifica inicialmente o padrão de estratificação social brasileiro em "possuidores de bens" e "não-possuidores de bens". Este estudo, vai por nós aproveitado, com as adaptações que se fazem necessárias ao escopo crítico-valorativo da presente obra. Tomando cada um deles individualmente:

A. Possuidores de bens
Compõe-se das classes alta urbana metropolitana e rural.

A classe alta urbana metropolitana vem formada "por grandes industriais, banqueiros, profissionais liberais de elevada qualificação, a minoria governante e altos funcionários". Schneider (op. cit.)

Esta classe é a que chamamos de classe governante do país, por isso que incluídos aqui os políticos. O poder político, sabemos, é um condomínio formado pelas classes altas, urbana metropolitana e rural.

A Folha de São Paulo, em 23 de novembro, de 1994, noticiou que Antônio Carlos Magalhães, eleito governador da Bahia, "aproveitou sua passagem por Brasília para pressionar o governo federal por um empréstimo subsidiado aos produtores da cacau. Na arena política, antecipou-se e disse que o ex-presidente José Sarney (PMDB-AP) é o nome mais indicado para presidir o Senado. Assessores políticos de Fernando Henrique Cardoso e a cúpula tucana têm tentado barrar a candidatura de Sarney, considerado excessivamente próximo do PFL, embora não íntimo de Antônio Carlos Magalhães. O pedido de empréstimo vem apoiado em dois trunfos: seu apoio à candidatura de Fernando Henrique Cardoso e sua boa relação com o ministro da fazenda, Ciro Gomes. O dinheiro não viria apenas do Banco do Brasil, mas também de recursos do Tesouro Nacional. Nos últimos dois dias, Antônio Carlos Magalhães se reuniu com Ciro Gomes, com o presidente Itamar Franco e com a diretoria do Banco do Brasil. Após a reunião de ontem com ACM, a diretoria do Banco do Brasil proibiu a divulgação dos números referentes à dívida dos cacauicultores". Patu, *et alii* (1994).

Esse trabalho político, que faz da busca de privilégios uma praxe, faz parte do processo de ascensão, conflitos, acomodações e ajustamentos havidos entre as classes mercantis e industriais naquele período em que as elites participavam da explosão industrial. "Toda a elite está necessariamente vinculada a uma determinada situação estrutural objetiva, cujos interesses e cujos valores ela defende e exprime." Schneider (op. cit.)

Foi necessário à elite rural, dividir o controle do poder político com a elite industrial, porém, por uma questão de racionalidade, restaram ambas como partes em um acordo de recíproca ajuda e convivência solidária, possibilitando a manutenção do poder oligárquico reinante.

A resultante desse acordo é o quadro social que se desenha como conseqüência direta do contraste reinante entre o que as elites dizem e o que realmente fazem. Suas mentiras, por vezes, são desmascaradas através de antenas parabólicas, como no caso do ministro Rubens Ricupero, que disse, por ocasião da campanha presidencial de 1994, sem saber que estava no ar: "Eu não tenho escrúpulos; o que é bom a gente fatura; o que é ruim, esconde".

Vai ser difícil ele (Fernando Henrique Cardoso) explicar não me convidar. ... Para a Rede Globo foi um achado (...) em vez de terem de dar apoio ostensivo a ele (Fernando Henrique Cardoso), botam a mim no ar e ninguém pode dizer nada. ... Eu estou o tempo todo no ar e ninguém pode dizer nada. Isso não ocorreu da outra vez (em 1989). Essa é uma solução, digamos, indireta, né?" NÉ.

Com tais artifícios manipulam uma população desinformada, faminta, sem instrução e sem saúde, disposta a tudo para melhorar a sua posição na pirâmide social.

Uma vez que dominam a mídia eletrônica (que é propriedade das mesmas elites que fazem o poder) toda e qualquer forma de transparência torna-se inviável. As redes de televisão fazem a campanha dos seus proprietários e dos que com estes são comprometidos. Há ainda um acerto entre a mídia eletrônica, a máquina governamental e os grandes grupos econômicos, com o objetivo evidente de promover políticos a seu serviço.

Abrindo um artigo, publicado pelo jornal gaúcho "RS", Lopes (1994) disse que "para se manterem, as estruturas de dominação sempre se valeram da palavra como alicerce ideológico e do discurso como suporte legitimador. Ora, isso que não é novidade quando nos detemos a estudar o passado, torna-se mais difícil de perceber quando acontece em nossos dias. Outrora, os áulicos do sistema produziam seus pensamentos justificadores com pena de ganso ou caneta Parker. Hoje, o fazem em textos elaborados em microcomputadores. No entanto, o principal não mudou - a linha de raciocínio. Tudo, claro, acrescido de uma mídia sofisticada, formadora de opinião e devidamente posicionada, por detrás da respeitável cobertura da aparente neutralidade da informação."

A classe alta rural é formada por grandes proprietários rurais e arrendatários capitalistas que exploram, direta ou indiretamente, a terra. Além destes, participam algumas pessoas que residem nas cidades do interior e que possuem condições financeiras de acompanhar o padrão de vida daqueles grandes capitalistas. Seguindo-se esta trilha, estão inclusos nesta classe alguns proprietários médios (cada vez em menor quantidade), os comerciantes atacadistas, o gerente do banco, o padre, o magistrado...

Trazem consigo todas as características, anseios e preconceitos do "senhor de engenho". Impressiona como aqueles que servem aos banqueiros, aos grandes empresários, ao Estado e são regiamente pagos sentem-se como se fossem o seu próprio senhor. De *longa manus* (não são mais do que isto) passam a agir como se fossem o próprio! Tal ocorre muito com aqueles grupos que vendem seus serviços ao poder econômico e que conseguem participar na qualidade de comensais do banquete que devora a caça roubada aos que vivem na miséria.

A classe alta rural apresenta-se fechada e tal como a classe alta urbana metropolitana faz dos meios de ostentação (carro, bairro, residência...) o critério de seleção dos seus participantes. Sintonizam com as oligarquias, fazendo parte deste poder, inclusive, como principais formadores ou colaboradores.

As classes altas são possuidoras de bens de produção, aceitando, como disse, alguns membros colaboradores e estruturadores que apenas impulsionam as suas conquistas. São os fiéis guardiães, por isso mesmo altamente remunerados.

Ainda nesse grande grupo dos possuidores de bens, apresenta-se a classe média, que logicamente não possui bens de produção. A classe média vem subdividida em urbana e rural (assim como a classe alta).

A classe média urbana vem formada por pessoas que trabalham em altos cargos nas empresas privadas e nas estatais, militares de alta patente, profissionais liberais especializados que não atingiram a classe alta...

Já a classe média rural é composta pelos médios proprietários rurais (muito poucos e cada vez em menor número).

A classe média é a que chamamos de burguesia. Segundo Fernando Bastos Ávila, citado por Schneider (op. cit.), "sua principal fonte de renda é o próprio trabalho ou profissão, mas dispõe também de reservas, depósitos bancários, títulos, ações para enfrentar imprevistos; é em geral conservadora, temendo as transformações radicais mas, por outro lado, alimentou todos os movimentos revolucionários e de transformação social; exerce uma função estabilizadora na sociedade, especialmente porque, pelas suas camadas mais baixas, tem compromissos com a classe inferior; é uma classe desorganizada, devido à grande divergência de interesses dos grupos que a compõem, apresentando-se de forma individualista."

Não entendemos a classe média exatamente como o citado autor. O que temos observado é que tal classe reza a cartilha da hipocrisia do poder, em nada se importando com a pobreza e a miséria. Vive das migalhas que caem da mesa da classe alta, aspira chegar àquela a qualquer preço, seja passando por sobre seus próprios valores, seja incorporando-se ao poder através da corrupção.

Os interesses das classes alta e média são convergentes, apresentando-se ambos com gritantes sintomas de reacionarismo, justamente para que a situação seja mantida indefinidamente, sem alterações que possam reduzir as suas expectativas de enriquecimento.

B. Os não-possuidores de bens

Este grupo é composto por uma única classe social, a classe baixa, representada pelo operariado. No *grid* classificatório que adotamos no presente estudo, a classe baixa vem subdividida (como as demais) em urbana e rural.

A urbana contém os assalariados em vias de proletarização ou já proletarizados. São empregados das indústrias, lojas, escritórios e demais setores da cidade, públicos ou privados.

Não negam o sistema, aceitam-no, reivindicando melhores condições que se traduzem pela possibilidade de poderem participar do consumo, mesmo que miseravelmente.

A classe baixa dependente urbana "é constituída pelo setor indigente e flutuante das grandes cidades, com situação de emprego irregular e vivendo freqüentemente em estado de pauperismo e anomia". Schneider (op. cit.)

A classe baixa rural é formada pelos assalariados rurais, pelos não-assalariados (parceiros, meeiros, ...) que vivem em condições muito precárias. Os que não se conformam com a sua situação de pobreza migram para as cidades, onde passam a ocupar, na maioria das vezes, a classe baixa dependente urbana.

A classe baixa (urbana e rural) apresenta elevado número de analfabetos; são fatalistas na sua concepção de vida; culturalmente apresentam uma situação precária e são facilmente atraídos pelas armadilhas da mídia eletrônica, se bem que a classe média também o seja.

Percebe-se, com facilidade, toda a origem da labilidade da sociedade brasileira, envolvida pelas mentiras do sistema; faminta; desinformada e sem o necessário senso crítico, logo, presa fácil da corrupção e da hipocrisia oficiais que transmitem valores contraditórios.

O contágio hierárquico leva à produção dessa labilidade que as pessoas trazem consigo, na ânsia de evoluir para classes mais altas.

Um ministro do Supremo Tribunal Federal declarou, quando do julgamento do ex-presidente Fernando Collor de Mello que "é sempre diabólica a tarefa de provar a corrupção na alta esfera da administração". Tem razão. Mas como poderia ser diferente se a lei é elaborada e aprovada por homens que anistiam seus pares que praticam ilícitos? Como podemos exigir da sociedade brasileira que inclua na sua axiologia a seriedade e a honestidade, quando o legislador anistiou congressistas que tinham utilizado a gráfica do Senado para imprimir material eleitoral? O mesmo Senado que elaborou e aprovou a lei que proibiu a utilização de recursos públicos para tais fins!

3. Estado

3.1. NASCIMENTO DO ESTADO

3.1.1. Teorias histórico-evolutivas

Cinco são as principais doutrinas que procuram explicar - sob o ponto de vista histórico-evolutivo - a origem ou o surgimento do Estado. Tais teorias não resistem a uma análise científica, posto que refletem claramente um comprometimento com as elites dominantes à época em que foram formuladas.

O certo mesmo é que o Estado "enquanto fenômeno histórico de dominação, apresenta originalidade, desenvolvimento e características próprias para cada momento histórico e para cada modo de produção". (Volkmer, 1990).

Durante a Alta Idade Média (séculos V ao X), com a invasão dos bárbaros germânicos ao Império Romano do Ocidente, ocorreu uma integração entre os invasores germânicos e o povo romano. Tal mesclagem cultural deu origem ao feudalismo.

No feudalismo, as organizações políticas subordinavam-se ao poder da Igreja, única instituição organizada que sobrevivera à destruição do Império Romano do Ocidente, por isso poderosa, mesmo porque adquirira propriedades através de doações e de tributos pagos por servos e escravos, o que determinou fossem os seus bispos e abades transformados em senhores feudais, integrados ao sistema.

Na modernidade, a secularização e unidade nacional são também exemplos de que os momentos históricos e os modos de produção de cada época é que caracterizam e desenvolvem o Estado, não sendo possível adotar uma linha evolutiva contínua.

O Estado moderno é resultante do capitalismo burguês europeu, não se podendo afirmá-lo como um produto da evolução de Estados anteriores, como o Estado Antigo, as Cidades-Estado ou o Estado Medieval. O que se observa é o aproveitamento de cada um dos vários tipos estatais, naquilo que importa ao dominante, o qual leva em conta modelos como os dos Estados Egípcio e Romano.

Essas configurações antigas reúnem as concepções formadoras das doutrinas que têm procurado explicar o aparecimento e a evolução do Estado.

Bousset, Bonald e Tomás de Aquino apregoaram que o Estado é uma criação divina, logo, os governantes são representantes de Deus, o que os coloca em posição de inquestionável poder. Trata-se da doutrina Teológica.

Uma segunda doutrina, defendida por Locke, Hobbes, Rousseau e Grócio, denominada de Contratualista, refere que o Estado é o resultado de um pacto social, ajustado livremente com a concordância de todos. Esses filósofos identificavam-se com a burguesia emergente, posicionando-se contrariamente à cultura medieval que, como disse, trazia suporte de natureza divina.

A terceira doutrina já mencionamos rapidamente, no subitem "2.2 - A família". Trata-se da doutrina patriarcal ou familiar. Propõe que o Estado é a evolução do sistema patriarcal. Assim, o pai tornava-se patriarca e este tornava-se rei, surgindo então a cidade antiga. Nesta linha evolutiva justificava-se a monarquia absolutista. A sucessão hereditária assim colocada explicava o poder da família real inglesa.

Para Oppenheimer, o Estado advém das guerras, através da dominação dos mais fracos pelos mais fortes. Esta teoria da força e da violência visava a justificar a atitude colonialista européia, tradicional saqueadora dos mais fracos.

Finalmente, a doutrina econômica traz a idéia de que o Estado é produto da sociedade, surgindo para assegurar a dominação de uma classe sobre a outra, uma vez estruturada a propriedade privada dos meios de produção, a divisão de classes e a desigualdade material. Para Wolkmer (op. cit.), a doutrina econômica "tanto quanto foi influência do contratualismo sobre a sociedade liberal-burguesa, foi o impacto que a teoria do economicismo do pensador Friedrich Engels (retomada por Karl Marx) exerceu sobre os meios socialistas e marxistas contemporâneos (adeptos e divulgadores das concepções de Marx)".

As doutrinas propostas (que pretendemos haver sumariado) não têm sintonia com o que se possa entender como justificadoras do nascimento do Estado, seja Antigo, Moderno ou Contemporâneo, por isso que enfrentaremos tal matéria separadamente.

3.1.2. Sinais de nascimento de um Estado

Existem alguns sinais que revelam o nascimento de um Estado, segundo Martinez (op. cit.). Alguns desses sinais têm características eminentemente externas; outros são atinentes à formação das instituições políticas que devem ser impessoais e relativamente permanentes.

A ocupação de uma determinada área com ânimo definitivo e com permanência efetiva ao longo do tempo são características externas indicadoras do nascimento de um Estado.

A permanência no tempo e no espaço estrutura-se na forma de tratarem-se os assuntos de natureza geral (cotidianos) e nos processos adotados para resolução de disputas intergrupais (domésticas), assim também pela capacidade de organização bélica para os eventuais casos de guerras.

Outro indicador refere-se à formação de instituições políticas, impessoais e com relativa permanência, como elementos-chave na constituição do Estado. Tais instituições devem ser capazes de sobreviver às alterações de lideranças e às alterações que ocorrem no grau de cooperação entre os subgrupos. É essencial ainda que proporcionem um certo grau de especialização nas questões políticas.

A presença desses requisitos caracterizadores não determinam, evidentemente, por si só, a constituição de um Estado, uma vez que tais instituições políticas podem nascer e desenvolver-se com o objetivo único (embora às vezes velado) de proteger os interesses das elites, logo, do poder do mais forte (na Pré-História e na Antigüidade) e do poder econômico (da Idade Média em diante). Assim, a legislação pode surgir em determinado momento político para proteger um grupo ou para mantê-lo no poder. Equivale dizer que ditas instituições (mesmo permanentes podem orientar-se por instrumentos tão-somente externos, para que uma casta ou uma classe dominante mantenha subjugadas todas as demais, o que nos leva a anular tais instituições como elemento característico para existência de um Estado.

Os papas medievais proclamavam-se poderosos para julgar a todos e não serem julgados por ninguém, até que a população entendeu-se capaz de decidir. Evoluindo tal postura, chegou-se ao entendimento da necessidade de uma autoridade suprema e não da existência de um monopólio do poder.

Esse processo evolutivo levou a Igreja à perda do seu poder, que hoje somente pode ser exercido sobre grupos sociais menos pensantes e mediante argumentações persuasivas diversas daquela anteriormente praticada e que trabalhava com um *marketing* direcionado ao "loteamento de terrenos no céu". Simplificavam para conseguir o entendimento; burocratizavam para manter o poder.

Semelhante perda de poder ocorreu com a monarquia. O rei, na sua soberana supremacia, podia promulgar tantas leis quantas lhe parecessem necessárias ao bem comum, subjugando a todos de forma definitiva ou pelo menos permanente (França, 1200). A queda dessa supremacia deu-se por caminho idêntico ao trilhado pela Igreja, mesmo porque sua sustentação era semelhante ou paralela.

Esse andar histórico leva-nos ao último dos requisitos para a constituição de um Estado, qual seja o da substituição dos laços familiares e dos laços religiosos por laços do povo com o Estado. Caem aqui as doutrinas patriarcal e teológica, levando-nos à doutrina contratualista.

Esta, para que se confirmasse como verdadeira, haveria de ter-se projetado de forma espontânea, o que não ocorre. Se contrato social existisse, ainda assim o entenderíamos como um contrato de adesão, logo, imposto, embora o processo civilizatório tinha natureza repressiva.

Porém, o que existiu foi uma substituição daqueles poderes (teológicos e familiares) por um poder dito Estatal ancorado em uma elite que domina o pensamento das massas, conduzindo-as pela mão, o que faz mediante um arranjo estruturado no sistema vigente, com o aval das religiões e sua idéia de família, utilizando-se da escola e dos meios de comunicação como arautos da servidão, indicada como meio de ser feliz, senão agora, após a morte.

Quanto ao Estado antigo, não se pode dizê-lo Estado nacional, uma vez que não ligado a tradições, costumes, língua e cultura. Estava ligado por guerras e conquistas. Outro aspecto relevante é que a estratificação social se dava pelo sistema de castas (camadas sociais rigidamente fechadas, de molde a não permitir qualquer mobilidade).

Seus governos eram constituídos por monarquias despóticas, com poder político teocrático e economia baseada na escravidão. Todo o sistema formador do que se poderia chamar de sociedade constituía-se de forma bastante complexa. Estas e outras observações nos levam a tomar o partido dos que entendem pela inexistência de um Estado Medieval ou Feudal.

3.2. O ESTADO CONTEMPORÂNEO

Contemporaneamente, sob o ponto de vista doutrinário, a noção de Estado configura-se a partir da sua relação com a sociedade.

Partindo da família, como alimentadora do Estado, transitam os estudiosos pela religião, escola, empresas, sindicatos, etc, concluindo que o conjunto de tais grupos (sociedades menores) constituem a sociedade, esta entendida como "uma coletividade de indivíduos reunidos e organizados para alcançar uma finalidade e objetivo comuns". Giddings, "Principes de Sociologie", in Azambuja (1982). Para Jolivet, "Traité de Philosophie", também citado por Azambuja, "de modo mais analítico e acentuando outros atributos, podemos dizer que uma sociedade é a união moral de seres racionais e livres, organizados de maneira estável e eficaz para realizar um fim comum e conhecido de todos".

O Estado (sociedade política) tem sobre toda a sociedade uma prevalência decorrente do poder que exerce sobre ela.

"O Estado, portanto, é uma sociedade, pois se constitui essencialmente de um grupo de indivíduos unidos e organizados permanentemente para realizar um objetivo comum. E se denomina sociedade política, porque, tendo sua organização determinada por normas de Direito positivo, é hierarquizada na forma de governantes e governados e tem uma finalidade própria, o bem público." Azambuja (op. cit.).

O bem público ou bem comum "consiste no conjunto dos meios de aperfeiçoamento que a sociedade politicamente organizada tem por fim oferecer aos homens e que constituem patrimônio comum e reservatório da comunidade: atmosfera de paz, de moralidade e de segurança, indispensável ao surto das atividades particulares e públicas, consolidação e proteção dos quadros naturais que mantêm e disciplinam o esforço do indivíduo, com a família, a corporação profissional, elaboração, em proveito de todos e de cada um, de certos instrumentos de progresso, que só a força coletiva é capaz de criar (vias de comunicação, estabelecimentos de ensino e de previdência); enfim, coordenação das atividades particulares e públicas, tendo em vista a satisfação harmoniosa de todas as necessidades legítimas dos membros da comunidade." Dabim (1939).

Mais sintética, temos também a definição de Cathrein, na sua obra "Filosofia moral", anotada por Azambuja (op. cit.), segundo a qual o bem público é o "complexo de condições indispensáveis para que os membros do Estado - nos limites do possível - atinjam livremente e espontaneamente sua felicidade na terra."

Em ambas as definições, conclui-se que o bem público tem sido obra de cada momento histórico, das ideologias dominantes, mais precisamente, em casos como o brasileiro, do poder econômico que domina da forma como já aventamos nas páginas anteriores.

Sob o pretexto de promover o bem comum, o Estado subordina a sociedade ao seu regramento. Divide-se pois em governantes e governados (dominantes e dominados) dentro dos seus limites territoriais.

Legisla, julga, condena, reprime, prometendo - em contrapartida - promover o bem estar a todos os cidadãos. Dizemos "prometendo" porque estamos falando do Estado brasileiro que tem autoridade e dispõe de poder, o qual é manifestado pela atividade do aparelho repressor, porém, apenas promete a contra-partida, não levando a si mesmo a sério. Utiliza tais decorrências (autoridade e poder) em proveito das elites, representadas pelas chamadas classes altas.

3.3. O ESTADO BRASILEIRO

Trabalhando com o Dabin e Cathrein, temos que o bem comum consiste em um dever do Estado de promover:

    a. atmosfera de paz, moralidade e segurança;

    b. a consolidação e proteção dos quadros naturais que mantêm e disciplinam o esforço do indivíduo com a família e a corporação profissional;

    c. a elaboração de instrumentos de progresso, assim as vias de comunicação, estabelecimentos de ensino e de previdência.

Observando o cotidiano brasileiro, anotamos referências que comprovam que este Estado não cumpre o seu desígnio de promover o bem comum. Eis porque:

    a. Atmosfera de paz, moralidade e segurança
    a.1. Paz, segurança e Poder Judiciário

Identificamos, com facilidade, nos jornais, ocorrências de assassinatos coletivos de vítimas indefesas, levando a morte à banalização e a população a um estado de anomia social, em face da sua perplexidade.

O relatório da Anistia Internacional, sobre o Brasil, divulgado pela entidade, em 1994, denunciou execuções, torturas, massacres em prisões e de crianças. Diz o relatório que: "A repetida ocorrência de casos de assassinato de meninos de rua manchou a reputação do Brasil perante a comunidade internacional. ... As violações de direitos humanos associadas à violência urbana continuam sendo um problema que precisa ser enfrentado. ... A despeito da nova legislação e das inúmeras iniciativas das autoridades no campo dos direitos humanos, prosseguem sem controle os abusos nas pequenas e grandes cidades brasileiras.
... assassinos fazem parte da vida diária da população urbana pobre no Brasil. ... Somente em 1991, a polícia de São Paulo matou 1.140 civis, no desempenho de suas funções. ... Em contraste, numa cidade de tamanho comparável e no mesmo ano, a polícia de Nova Iorque alvejou e matou 27 civis. Os policiais envolvidos em casos de disparos fatais desfrutam de imunidade judicial quase total, especialmente quando as vítimas são pobres. ... Existem provas importantes do envolvimento de um número significativo de policiais civis e militares nas atividades dos esquadrões da morte. ... Com freqüência, os políticos protegem e apóiam tais esquadrões da morte. Os inquéritos policiais (sobre assassinatos de crianças) não chegam a concluir-se na maioria dos casos. ... A prática de tortura é comum nas delegacias do Brasil. A polícia, sob a pressão da necessidade de combater a escalada do crime, passou a fazer justiça pela próprias mãos. ... São generalizados o excesso de detentos, a falta de assistência médica e legal, a tortura e maus tratos aos detentos, assim como o molestamento dos visitantes".

O Estado brasileiro perdeu, há muito, o controle sobre o crime e os criminosos. Com o objetivo de garantir a segurança no Rio de Janeiro, chegou a determinar que as forças armadas subissem os morros (invadindo favelas) para deter a criminalidade dos traficantes de entorpecentes.

A escalada do Estado aos morros foi fácil. O que se demonstra difícil, senão impossível, é que lá permaneça.

Os que conhecem os fatores criminógenos de uma sociedade

sabem muito bem que atitudes assim, isoladas, localizadas, somente têm o efeito de fazer com que os delinqüentes mudem seu local de atuação.

Se o crime evoluiu a taxas tão elevadas, foi exatamente porque a impunidade o incentivou. Ademais, a omissão do Estado (não apenas no Rio de Janeiro, como em todas as regiões onde cresce e floresce a criminalidade) teve a colaboração da incompetência e da ganância da empresa privada nacional, que bem poderia desenvolver uma maior participação social.

A família pobre tem pai e mãe que trabalham fora de casa, durante o dia e parte da noite, enquanto seus filhos ficam entregues às ruas, logo, aos traficantes e demais delinqüentes profissionais. Criam-se sem escola, sem atividade esportiva, sem tarefas condizentes à infância. Apreendem a delinqüir e, adolescentes, conseguem obter maiores ganhos do que os de seus pais, com um mínimo de esforço, através da prática do delito.

A omissão é generalizada. Então, de nada adianta que o exército suba morros atrás de marginais, prejudicando os direitos e garantias individuais de trabalhadores, quando a criminalidade tem suas raízes no desleixo do poder em relação ao bem comum que também é devido aos pobres e aos miseráveis.

Exigir que apenas a polícia, com sua estrutura arcaica, despreparada, desaparelhada, elimine a criminalidade, é desconhecer por completo o que sejam fatores criminógenos.

O deputado Wilson Muller Rodrigues, ex-chefe de polícia no Rio Grande do Sul, entrevistado pelo jornal gaúcho "RS" (1994), sintetizou o quadro policial atual lembrando que "nós temos uma economia brasileira, um Congresso brasileiro, atendimento médico, saneamento, tudo brasileiro. Mas a sociedade exige uma polícia suíça. Não terá."

Nem resolveria. À polícia cabe investigar, ajudar a combater o crime, não erradicá-lo.

Tratando de paz e segurança, não nos podemos furtar ao enfrentamento do Direito, bem como, especificamente, do Poder Judiciário.

Juízes paulistas, em autocrítica, declararam que o Judiciário é arredio, fechado, distante, elitista, formalista, acomodado, submisso, burocrático e politicamente ambíguo. Tais declarações partiram da "Associação Paulista de Magistrados" e da "Escola Paulista de Magistratura", durante o seminário "Visão externa do Judiciário", realizado em 29 de agosto de 1994, em São Paulo.

As declarações revelam uma visão ampla, lúcida, dialética, razão pela qual foram recebidas com entusiasmo.

É corriqueiro que a sociedade exija, dos que se tornam magistrados, uma postura de semideuses, papel que alguns interpretam com rara "competência".

Ocorre então que, despreparado (em face da incompleta formação acadêmica que traz na sua bagagem), torna-se hostil, utilizando uma linguagem burocrática, distante, permanecendo ao largo do "consumidor da norma".

Parece que o mais robusto dentre os elementos complicadores da relação entre o judiciário e aqueles que buscam a prestação jurisdicional vem relacionado com a linguagem jurídica. Esta aliás é uma anomalia do Direito em geral, antes de ser uma anomalia do Poder Judiciário em particular.

A ciência jurídica se tem apresentado com sentido dogmático, posto que codifica os conflitos e os demais comportamentos humanos em uma linguagem própria, passando a partir de então a formular enunciados e conjuntos de enunciados. Elabora uma linguagem técnica dos conflitos e dos interesses que - originariamente - são expressos em linguagem vulgar ou comum.

Historicamente, é fácil identificar o nascimento e a evolução dessas características dogmáticas da Ciência do Direito.

A jurisprudência romana, que evitava a expressão ciência, para o Direito, teorizava com fundamento na "*praxis* jurídica", equivale dizer, no pensamento jurisprudencial. O jurista romano abstraía o caso e ampliava-o, obtendo assim uma regra geral. Estávamos diante de um saber prático com elevado senso de rigor, por isso o Direito romano produziu definições tão duradouras e critérios distintos para as situações diferentes em que se apresentavam.

Os romanos tinham racionalidade dialética porque renovavam a cada caso, construindo assim de forma responsável o seu Direito, nunca se limitando a apenas aceitar. O Direito romano contempla, age e prescreve.

Do século XI ao XVI, nascida em Bolonha, a ciência européia do Direito partia dos textos de Justiniano. Os glosadores tratavam tais textos com retórica, o que resultava em textos préfabricados aceitos pela autoridade. Aqui nascia a ciência do Direito caracterizada pela dogmática. As condicionantes eram pré-determinadas pelo poder, pela autoridade, conectando-se então autoridade e razão. O pensamento moderno parte da ligação vontade-razão, fundamentando o Direito na vontade comunitária da nação.

Na era moderna, vem o jusnaturalismo reivindicando a existência de uma lei natural, eterna e imutável, distinta do sistema normativo fixado pelo poder.

Prevalecia porém o pensamento jurídico dos glosadores que perdurou até o século XVI, quando começou a ser atacado por críticas, em face da sua falta de sistematicidade.

Mesmo sem os glosadores, estava formada a dogmática, estruturada no pré-saber, com a aceitação de que o poder legisla e aplica as leis, à revelia da sociedade, determinando a inaceitabilidade do jusnaturalismo.

A par deste desenvolvimento na direção da dogmática, foi necessário impingir ao dominado a força da linguagem jurídica, codificada de modo incompreensível, para bem mantê-lo afastado do pensamento crítico.

A linguagem é capacidade inerente ao ser humano de comunicar-se, através dos chamados signos vocais (idioma) e das técnicas corporais complexas. O estudo científico da linguagem é chamado lingüística, a teoria dos signos verbais.

Conforme Warat (1984), os signos lingüísticos, unidade mínima da frase, são suscetíveis de serem reconhecidos como idênticos em um contexto diferente ou de serem substituídos por outra unidade diferente em contextos idênticos.

Os signos artificiais ou convencionais são psíquicos e

apresentam como característica inicial a arbitrariedade, uma vez que a conexão "significante e significado" é imposta. A idéia que temos de lâmpada não tem relação com o seqüencial de sons que serve de base para o significante. De outra banda, esta idéia pode ser representada por significantes diferentes em outras línguas, como por exemplo "lamp" em inglês.

Admite-se a existência de signos naturais, que "estão baseados em relações estabelecidas entre fenômenos que se localizam na natureza. O homem não cria essa relação, mas a reproduz". Warat (op. cit.).

Caracterizam-se ainda os signos convencionais pela imutabilidade. Observa Warat que a língua aparece como herança do século precedente, uma convenção repassada às gerações seguintes, sendo aceita e compreendida, bem como mantida por todos.

Evidentemente que o tempo (embora assegurada a imutabilidade da língua) faz com que os signos lingüísticos sejam mais ou menos alterados.

Ferdinand Saussure, cuja obra "Curso de lingüística geral" vem analisada por Warat (op. cit), faz uma tentativa de reconstrução de um sistema que explique o funcionamento dos diversos tipos de signos. Desse projeto surgiu a Semiologia, ciência que objetiva o estudo da vida dos signos no seio da vida social, o que transformaria a lingüística em ramo da Semiologia.

A Semiologia pretende ser um projeto crítico que busca considerar os signos no seu processo de articulação discursiva. Pretende interrogar o signo no seu ato de comunicação ou de fala, que é "sempre um ato político e institucional". Warat (op. cit.).

O projeto da Semiologia vem retomado por Pierce, cuja obra também foi avaliada por Warat. Aquele objetivou o estudo da vida dos signos no seio da vida social, porém, sem destacar a linguagem e a sociedade, como o fez Saussure.

Tal estudo denomina-se Semiótica e deseja ser uma teoria geral dos modos de significar ou a doutrina dos signos.

Preocupa-se com o signo e seu produto, que pode representar um valor ou uma retórica.

A retórica jurídica recuperou, de Aristóteles, a noção de tópica ou "topoi", assim os lugares em nome dos quais se fala, como calibradores dos processos argumentativos, o que leva à aceitação forçada de teses conclusivas. Tais fórmulas vinculam conclusões e forçam o consenso. Vinculam conclusões às representações sociais culturalmente impostas. Forçam o consenso, sobre as mensagens comunicadas através do processo de identificação ideológica, como disse Warat (op. cit.).

Deste modo, a retórica demonstra os limites políticos dos atos de denunciação persuasiva, ficando claro que o discurso persuasivo é ideológico e mistificador.

Como parte da Semiologia, comparece ao nosso estudo a Teoria da Argumentação, com o objetivo de buscar explicações para as evocações ideológicas das mensagens. É uma verificação profunda da forma como se manipulam os discursos.

Warat (op. cit) efetua uma viagem pela história da Semiologia, retirando da história da Lingüística as teorias que tratam do Direito e suas linguagens. Para ele, a Semiologia é uma discussão epistemológica da Lingüística, que se nega como metalinguagem, o que a faz apresentar-se como um contradiscurso. Denuncia o poder do discurso através da compreensão do poder da Semiologia, poder que pode ser visto como reforço da estereotipação discursiva.

A Semiologia do poder articula-se ao redor da idéia de que o consenso sobre sua legitimidade decorre do trabalho discursivo, que é resultado da manipulação das palavras.

A retórica comporta temas, argumentos, arranjo de partes do discurso, estudo das figuras (escolha e colocação das palavras), modo de enunciação e memorização.

A Semiologia como retórica ou análise do discurso, fornece o conjunto de técnic que podem organizar racionalmente as formas de persuasão e de convencimento. O discurso deve ser entendido como ação política, em uma sociedade e sob determinadas condições históricas.

Em nossa sociedade, diz Warat (op. cit), o convencimento não é gerado apenas pelo emissor do discurso, mas também pela instituição que, ao voltar a enunciá-lo, o redefine, adapta, permitindo a possibilidade do convencimento. A prática teórica do Direito é a instância discursiva, principalmente para a configuração dos tópicos jurisprudenciais.

Afirma ainda Warat que "na esfera da dogmática jurídica, os tópicos podem ser equiparados aos princípios gerais do Direito, que funcionam como valor de troca determinado pelo contexto de explicação". Esses tópicos, conforme Vieweg, citado por Warat, não são princípios científicos; são expressões do Direito natural que passam a ter um caráter histórico e contingente, tutelando as instituições positivas e regulando as relações jurídicas delas derivadas. O sistema tópico é produto do senso comum teórico dos juristas.

A linguagem do Direito, logo, também do Poder Judiciário, faz o fechamento das portas de um e outro para os "consumidores da norma".

O Direito faz linguagem técnica e refinada do conflito. Codifica. Uma vez codificada a linguagem, traduz o conflito para a sua própria linguagem. Ato contínuo, formula enunciados. O conjunto dos enunciados passa a formar teorias, que constituem doutrina (as doutrinas dizem o que deve ser feito). O dizer doutrinário transforma o Direito em dogmática jurídica, fazendo-o uma questão fechada.

Neste quadro dogmático e de linguagem inacessível, o Judiciário se vê sitiado pelo excesso de formalismo, restando prejudicada a prestação jurisdicional e o contato com as partes litigantes.

Evidentemente que tal postura interessa às elites, na exata medida em que estas possuem condições de custear especialistas que promovam os seus interesses, obtendo o desequilíbrio hoje existente, uma vez que o Estado não proporciona ao menos favorecido a assistência necessária.

A visão do Direito, sob a ótica dos advogados, dos membros do Ministério Público e dos magistrados é extremamente positivista, levando à formação de um Direito desfocado da realidade brasileira.

Borba (1994), questionando o exercício da democracia, por ocasião das eleições de 1994, discute o papel do Judiciário naquele contexto, convicto de que este "é visto e se autodefine como um poder essencialmente técnico, neutro e imparcial. Esta autoconcepção criou um Judiciário composto de juízes-funcionários que se limitam, na maioria dos casos, à uma aplicação burocrática da lei, abdicando das suas funções de membros de um poder político do Estado. Evidente que esta concepção do Judiciário é fruto de um sistema que pressupõe sua completude, na medida que tem a lei como seu valor fundamental, de modo que sua simples aplicação aos casos que expõem a fragilidade do sistema (e que são vistos como meros conflitos de interesses) resolve o problema e recompõe a harmonia da vida social. Um sistema assim concebido realmente prescinde de não ser somente técnico.

Isto é favorecido pelo caráter lógico-formal da ciência do Direito em nosso meio. Conservadora, divorciada da realidade histórica, míope, acrítica do saber jurídico, dócil e despreparada para os novos conflitos tende, por isto, a sacralizar esta forma de estrutura".

Há, portanto, a contribuição do Direito e particularmente do Poder Judiciário para com a falta de paz e segurança que pesam sobre a sociedade brasileira.

a.2. Poder Executivo e Moralidade

"Tudo valia dinheiro. Os postos militares que garantiam a polícia dos campos e ali preenchiam as funções administrativas faziam os povoados votarem-lhes gratificações (stephanos). Todo funcionário dava um jeito para lhe molharem a mão a fim de executar a menor tarefa; a necessidade de tosar os animais sem os esfolar muito levou à divisão equânime dos lucros, as propinas acabaram sendo oficialmente tabeladas e o preço de cada etapa foi afixado nos escritórios. Os administrados tinham o cuidado de apresentar-se diante de um funcionário ou de um alto dignatário com um presente na mão; afinal tratava-se de reconhecer com um símbolo substancial a superioridade dos chefes sobre os comandados. Às propinas acrescentavam-se as extorsões praticadas pelos altos mandarins. Depois da conquista romana da Grã-Bretanha, a administração militar obrigava as tribos submetidas a levarem suas cotas de trigo a celeiros públicos muito distantes, depois cobrava pela permissão de entregá-lo em celeiros mais próximos. Exigir pagamentos ilegais constituía o grande negócio dos governadores de província, que compravam o silêncio dos inspetores imperiais e dividiam os lucros com seus oficiais e chefes de departamento. O poder central fazia vista grossa, bastava-lhe ceder sua parte. Pilhar as províncias como governador era, diz Cícero, o caminho senatorial de enriquecimento." *Ariés et alii* (1990).

a.2.1. Especulação

Os planos econômicos (todos sempre frustrados) fazem com que se escancare a especulação, sob o olhar (atônito!) das autoridades.

Nas panacéias eleitoreiras (criadas com pleno sucesso, no que concerne aos seus verdadeiros objetivos, fabricantes e distribuidores de alimentos saem lucrando sobre aqueles que não têm outra alternativa do que consumir seus produtos.

Para o caso da especulação, o conselho dos "brilhantes" economistas do governo (criadores dos planos econômicos) são de que não se adquiram junto aos especuladores.

Esquecem de que não se pode deixar de alimentar crianças (e alguns habitantes do planeta têm filhos), esquecem de que algumas pessoas precisam de medicamentos.

Aos aproveitadores basta reunir o feijão, comprado junto aos pequenos produtores, armazená-lo e ditar o preço. O resto fica por conta da falta de fiscalização, de controle e pela presença da corrupção.

Mas esta questão é pequena, se comparada à máquina especuladora, às vezes multinacional, que a Lei Antitruste não consegue deter.

Essa Lei tipificou infrações como: aumento injustificado de preços (aqueles aumentos muito acima do custo de produção ou de produto similar existente no mercado) e imposição de preços excessivos (preços que determinem o crescimento súbito dos lucros).

O limite de participação no mercado, de empresas que tenham entrado em processo de fusão com outra, passou de vinte para trinta por cento, podendo ainda o CADE (Conselho Administrativo de Defesa Econômica) alterá-lo, para setores específicos.

Quanto ao CADE, que antes limitava-se a julgar processos, agora é autarquia federal, ainda vinculado ao Ministério da Justiça, podendo fiscalizar, julgar e punir os crimes de abuso do poder econômico, juntamente com a Secretaria de Direito Econômico. Os poderes do presidente e dos conselheiros do CADE são os mesmos do Poder Judiciário.

O CADE pode fechar temporariamente empresas, vender parte das mesmas ou pedir intervenção judicial.

A lei alcança os administradores de empresas estatais, podendo qualquer pessoa oferecer representação junto à autarquia, quando identificar abuso do poder econômico, sendo possível a prisão preventiva para punir crimes contra a ordem econômica, dependendo apenas da solidez da prova e evidência da autoria.

Embora a existência da Lei Antitruste, o mercado brasileiro apresenta hoje todas as possíveis e prováveis formas de abuso do poder econômico, bem como de oligopólios (domínio do mercado por um número reduzido de empresas).

A Xerox possui 90% do mercado de copiadoras, o que contraria frontalmente a lei antitruste.

As fusões têm aumentado: a Bom-Bril comprou a Orniex, resultando em uma concentração de 58% do mercado de detergentes líquidos. O somatório de Bom-Bril com Gessy-Lever, no mesmo segmento de mercado, atinge o percentual de 90% de participação, A Rhodia fundiu-se com a Alcooquímica Nacional, concentrando 85% da produção e venda de ácido ascético.

Essas fusões, entre outras, não têm sido corretamente avaliadas. O CADE corre o risco de (como a SUNAB) permanecer no papel, com algumas ações pirotécnicas que não determinam esteja cumprindo com o esperado. Falta estrutura, porque não existe disposição política para o cumprimento da lei.

A resultante é que - no Brasil - os oligopólios conseguem grande poder de formação de preços, eis que utilizam artifícios como o de suspender as vendas tão logo atinjam - no mês - a meta desejada, impedindo assim a ação natural da lei da oferta e da procura.

O maior número de denúncias feitas ao CADE refere-se à imposição de altos preços. Ocorre porém que o governo - de modo geral - não fiscaliza o setor privado convenientemente, resultando a lei e as representações junto aos diversos órgãos criados para fazê-la cumprir como fachada demagógica lançada ao alto em épocas de eleição, em consonância com os planos econômicos.

Embora a especulação incontrolável das nacionais e das multinacionais, nas proximidades de eleições inventa-se uma inflação zerada, criando-se a identificação: salvação do Brasil, igual a plano econômico vigente.

O último plano (Real) foi "criado por Fernando Henrique, logo, opera-se uma identidade Brasil Plano Real igual candidato tucano. Ora, isso traz um resultado péssimo do ponto de vista quer da democracia, quer da lucidez. Qualquer oposição ao candidato do PSDB é lida como oposição ao Brasil, e se vê reduzida, pelas mentes generosas, a ingenuidade ou insensatez, pelas autoritárias, a traição. Essa identificação ronda boa parte do discurso político, ora na voz de alguns candidatos, ora na mídia que os apóia. Ela é má para a democracia, porque um princípio básico desta é que a legitimidade não tem endereço único. A retórica eleitoral pode até exaltar contra o adversário, mas ele é apenas isso: adversário não inimigo". Ribeiro (1994).

O conjunto das falácias, promovidas e sustentadas pelos especuladores e mandarins da mídia eletrônica leva ao poder àqueles que não oferecem risco à manutenção das elites dominantes insensíveis aos verdadeiros e grandes problemas nacionais.

a.2.2. Corrupção, saúde e Previdência Social

O INAMPS enfrenta problemas de administração irregular do dinheiro do SUS (Sistema Único de Saúde), formação de quadrilhas para desvio de dinheiro, postos de saúde fantasmas, que chegaram ao extremo de cadastrar um hotel como hospital, no Maranhão, compra de chopp, salgadinhos, roupas, calçados e troféus, para distribuição pelo SUS, no Piauí.

A verba do SUS foi utilizada ainda para comprar água mineral para a "Liga das Senhoras Católicas" e para a impressão de convites de formatura e ajuda de custo para a festa do dia das mães.

Esses fatos foram apurados pela CPI (Comissão Parlamentar de Inquérito) que avaliou e investigou o desvio de verbas do INAMPS, baseada no relatório do Sistema Nacional de Auditoria do Ministério da Saúde.

Citamos apenas estes fatos porque hilários. Outras acusações mais graves surgiram: médicos que receberam dez mil dólares em um mês; auxiliares de secretários de Estado acusados de formação de quadrilha, etc. Continuar relatando se tornaria enfadonho, tamanha a listagem.

O contágio hierárquico (passagem de hábitos de classes mais altas para classes mais baixas) leva pessoas humildes (diante da certeza da impunidade) a praticar fraudes. Na aposentadoria rural, v. g., a Folha de São Paulo (1994) "comprovou a existência de fraudes contra o INSS (Instituto Nacional de Seguro Social). O ministro da Previdência, Sérgio Cutolo, afirmou que 'esquemas políticos' dão suporte às fraudes. O ministro da Previdência Social reconhece a existência de um milhão de benefícios fraudados na aposentadoria rural, onde o rombo pode chegar a setecentos milhões de reais. ... A ação de quadrilhas de fraudadores foi comprovada em municípios de Minas Gerais, Tocantins, Piauí, Santa Catarina e São Paulo. ... As fraudes mais comuns são os certificados de invalidez apresentados por pessoas saudáveis e 'viúvas' que requerem pensão de maridos vivos. ...

Carteiras de trabalho falsas também foram encontradas pela

auditoria do INSS nos Estados. ... Trabalhadores da cidade participam de fraude, alegando um fictício tempo de serviço no campo para antecipar a aposentadoria".

O contágio hierárquico ocorre quando pessoas de altas esferas sociopolíticas praticam atos que violam o sentimento de justiça da comunidade, mesmo que tais atos não sejam tipificados como delito. Estes comportamentos atuam como fatores criminógenos, estimulando ações delituosas de pessoas de estratos inferiores, convencidos de que a impunidade pode ser a regra.

Um exemplo nos vem do Congresso Nacional. Deputados cassados ou que renunciaram, porque suspeitos de corrupção, estão aposentados pelo IPC (Instituto de Previdência dos Congressistas). Esse Instituto é mantido em parte pela contribuição dos associados e em parte pelos contribuintes.

Dentre os que recebem tal aposentadoria, estão deputados que foram cassados em razão de desvio do dinheiro público, pela CPI do orçamento.

Os ex-deputados João Alves (sem partido-BA), Genebaldo Correia (PMDB-BA) e Cid Carvalho (PMDB-MA) renunciaram para não serem cassados e hoje recebem aposentadorias (que perceberiam mesmo se cassados) sem entrar em filas nos bancos, ao contrário do que ocorre com os demais brasileiros aposentados.

Verdade seja dita, tudo está de acordo com a Lei n° 7.087/82, a "Consolidação das Leis do Instituto de Previdência dos Congressistas". A concessão da aposentadoria se faz àquele que contribuiu por - no mínimo - oito anos e possui mais de cinqüenta anos de idade.

Mais de seiscentos ex-parlamentares recebem o benefício através de contracheques remetidos pelo correio.

a.3. Poder Legislativo e Moralidade
As imoralidades do Poder Legislativo não ficam apenas na questão do "Instituto de Aposentadoria dos Congressistas", referido no subitem anterior.

Alguns registros levam-nos a entender para quem, efetivamente, trabalha o Legislativo no Brasil.

a.3.1. Salário Mínimo

Em dezembro de 1991, os deputados aumentaram os seus próprios salários em 143%. Com tal reajuste, passaram a perceber seis mil e novecentos dólares - mensais.

O projeto do deputado Paulo Paim (PT), que pretendia a elevação gradual do salário mínimo, até 1995, foi rejeitado (em 1993) sob o pretexto de que a Previdência Social não resistiria; que algumas prefeituras não conseguiriam pagar seus funcionários; que iriam à falência as pequenas e microempresas.

a.3.2. Imposto sobre a renda

A Medida Provisória n° 407/94 pretendia o aumento nas alíquotas do Imposto Sobre a Renda para as pessoas jurídicas. O PFL argumentou que as pessoas jurídicas não poderiam ser oneradas mais do que estavam sendo até então.

No mesmo ano, foi aprovado o aumento nas alíquotas do Imposto Sobre a Renda das pessoas físicas, melhor dizendo, do Imposto Sobre os Salários. Para "aplicar" este aumento, a argumentação foi de que o plano FHC (Fernando Henrique Cardoso) necessitava de que houvesse um equilíbrio nas contas públicas, o que implicava o aumento de arrecadação.

a.3.3. Em causa própria

A legislatura em causa própria não fica apenas na questão salarial. O Senado aprovou (1994) um projeto de lei no qual concedia anistia aos parlamentares candidatos nas eleições de 1994, que fizeram uso da gráfica daquela casa para fins eleitorais. O objetivo foi anistiar o presidente do Congresso Nacional - senador Humberto Lucena, PMDB/PB - que tivera o registro da sua candidatura cassado pelo TSE - Tribunal Superior Eleitoral.

Quatrocentos outros deputados haviam utilizado a gráfica no mesmo ano, alguns quando já eram candidatos naquelas eleições.

Votaram pela aprovação do projeto quarenta e dois senadores, sendo que sete dentre eles estavam sendo investigados pelos TREs (Tribunais Regionais Eleitorais) dos seus respectivos Estados de origem, devido à utilização da mesma gráfica para publicação de material de campanha.

Ora, tais publicações, com a utilização de recursos públicos, foram tipificadas como delito, através de legislação aprovada pelo mesmo Congresso!

a.3.4. Contratações

1991 - A Câmara contratou quarenta e três assessores, sem concurso público, tendo sido ainda permitida a ascensão funcional de cinqüenta e oito funcionários pelas mesmas vias de acesso.

1992 - A Câmara possibilitou promoções e efetivações, sem concurso público, ao aprovar o "Plano de Carreira".

1993 - Foram efetivados duzentos e quarenta e três assessores de gabinetes, também sem concurso.

a.3.5. Orçamento público

A CPI (Comissão Parlamentar de Inquérito), criada para investigar e acusar envolvidos em corrupção passiva na Comissão do Orçamento da União Federal, trazia uma listagem de dezoito parlamentares, com o pedido de cassação dos seus mandatos. Como resultado, foram cassados os deputados: Feres Nader (PTB-RJ), Carlos Benevides (PMDB-CE), Fábio Raunheitti (PTB-RJ), Raquel Cândido (PTB-RO), Ibsen Pinheiro (PMDB-RS) e José Geraldo Ribeiro (PMDB-MG). Restaram inocentados os deputados: Aníbal Teixeira (PP-MG), Ricardo Fiúza (PFL-PE), João de Deus Antunes (PPR-RS), Flávio Derzi (PP-MS), Ézio Ferreira (PFL-AM), Daniel Silva (PFL-MA) e Paulo Portugal (PP-RJ), além do senador Ronaldo Aragão (PMDB-RO).

Renunciaram, para evitar a cassação, os deputados: João Alves (sem partido-BA), Manoel Moreira (PMDB-SP), Genebaldo Correia (PMDB-BA) e Cid Carvalho (PMDB-BA).

Se existiu corrupção passiva, haverá de ter existido também a ativa. Não veio a público tal listagem.

O Poder Executivo, através do então Presidente da República, Itamar Franco, criou a CEI (Comissão Especial do Inquérito) com o fim de investigar a participação daquele Poder no chamado "escândalo do orçámento". Constaram, v. g., que no Ministério dos Transportes ocorreu superfaturamento de obras, enquanto obras orçadas e aprovadas deixaram de ser realizadas. Nenhuma medida concreta foi tomada à época. Não procuraram a raiz do problema; os corruptores.

A rede de corrupção existente nos Poderes Legislativo e Executivo tem sua trama perfeccionada pelas intocáveis prestadoras de serviços, empreiteiras poderosas paridas nos negros tempos da ditadura militar.

a.3.6. Freqüência ao Plenário

Art. 55 da Constituição Federal: "Perderá o mandato o Deputado ou Senador:

III - que deixar de comparecer em cada sessão legislativa, à terça parte das sessões ordinárias da Casa a que pertencer, salvo licença ou missão por esta autorizada."

Art. 56 - Constituição Federal: "Não perderá o mandato o Deputado ou Senador: II - licenciado pela respectiva Casa por motivo de doença, ou para tratar, sem remuneração, de interesse particular desde que, neste caso, o afastamento não ultrapasse a cento e vinte dias por sessão legislativa."

A Folha de São Paulo publicou, em reportagem de Bonassa *et alii* (1994), que cento e sessenta e três dos quatrocentos e vinte e sete deputados que disputaram a reeleição em 1994, ou uma vaga no Senado Federal, faltaram a mais de um terço das sessões realizadas na legislatura compreendida no período 1991/1994. Ainda conforme a citada reportagem "os mandatos dos parlamentares faltosos são assegurados pelos mecanismos criados pela Câmara. Além de não contar presença às segundas e sextas-feiras, basta uma decisão administrativa da Mesa para abonar faltas."...

"Oficialmente, a mesa considera como faltas justificáveis as licenças médicas, nomeações para cargos fora do Congresso, viagens autorizadas pela Câmara ou morte de pessoas da família. No entanto, a resolução da Câmara que regulamenta os abonos é de que os 'casos omissos' serão resolvidos pela Mesa. Sob a classificação 'casos omissos' entra qualquer justificativa, como compromissos políticos nos Estados ou questões de ordem pessoal. Muitos parlamentares argumentam que suas faltas se devem a compromissos ligados ao exercício do mandato, como seminários, palestras e outros. Esses motivos a Câmara não divulga. Há também casos em que o parlamentar faltou a determinada votação por estar antecipando de alguma maneira outra atividade do Congresso - reunião de comissão, por exemplo."

É este o "legislador pátrio", tão citado por juízes, advogados e promotores, em decisões, defesas e denúncias, que pertinem à prestação jurisdicional.

b. Consolidação e proteção dos quadros naturais que mantêm e disciplinam e esforço do indivíduo com a família e a corporação profissional

Como dissemos anteriormente, o amor repressivo do *pater familias* é o modelo para a opção da sociedade que evoca Deus, o amor filial e a família para justificar a castração.

Medieval, corrupto e hipócrita, o *pater familias* mantém o poder vigente, com o anseio de chegar - um dia - a participar daquele grupo oligárquico.

Esta postura despida de qualquer resquício de ética deixa os poderes à vontade para assistirem ao crescimento da mortalidade infantil, do desemprego e da miséria, que destroem famílias carentes, sem esboçarem qualquer interesse em medidas sólidas, duradouras.

De 1993 para 1994, o índice de mortalidade infantil aumentou de 28 mil para 30 mil nascidos vivos, segundo noticiou a Pastoral da Criança da CNBB (Conferência Nacional dos Bispos do Brasil).

Nas áreas onde morrem tais crianças, não há saneamento básico e as pessoas carecem de conhecimento das mais elementares noções de higiene.

Esta situação foi pesquisada em 40% dos municípios brasileiros, logo, a situação deve ser bem mais grave se projetarmos os números obtidos. Releva noticiar que o Ministério da Saúde não possui estatísticas a propósito.

A ONU (Organização das Nações Unidas) utiliza um coeficiente para mensurar a desigualdade entre as pessoas que podem obter um quinhão de terra para cultivar e as que não têm possibilidade de obtê-lo. Chama-se "coeficiente GINI" e trata-se de uma escala que oscila entre zero (igualdade perfeita) e um (desigualdade absoluta).

No Brasil, o coeficiente GINI é de 0,86. Mais elevado do que os de Sri Lanka (0,62), Quênia (0,77) e Arábia Saudita (0,83). Esses números demonstram a grandiosa desigualdade nas oportunidades oferecidas às famílias brasileiras.

O Brasil é um dos países que apresentam o maior número de pobres no planeta.

É preciso registrar que seguimos tendência contraditória àquela apresentada pelos demais países do mundo. Segundo números da ONU, a miséria leva ao sofrimento um bilhão e cem mil pessoas no mundo, e as populações dos países ricos concentram sessenta vezes a renda dos países pobres.

Enquanto o nível e qualidade de vida humana crescem de 25% para 60%, aqui no país dos "tetracampeões mundiais de futebol", um milhão e cem mil pessoas têm renda diária de um dólar.

Em Minas Gerais, famílias (também as crianças) trabalham 18 horas por dia em carvoarias, sem salários, prisioneiros em fazendas. Crianças de apenas dez anos permanecem presas a "dívidas" do que comem e nunca conseguirão pagar.

Os proprietários das carvoarias não se responsabilizam. Contratam empreiteiros e estes são os contratantes de tais famílias. Outras denúncias desta natureza já foram feitas, listá-las agora seria tornar repetitivos os exemplos de casos concretos existentes.

A economia, quando cresce, não cria empregos. São 32 milhões de indigentes a vagar pelo país campeão mundial de analfabetismo, quando se sabe que um dos caminhos para acabar com a miséria pode ser a educação.

A modernização diminui empregos, e a economia aberta e internacionalizada aumenta alguns salários, mas também a taxa de desemprego. Concentra-se mais ainda a renda.

Não se pode falar em planejamento familiar no país, porque inexistente, a Igreja não quer e a incompetência oficial não pode fazer.

A violência cresce e mata, aliando-se à fome em tarefa tão macabra. Dos jovens entre 15 e 18 anos que morrem no Brasil, 60% são vítimas de homicídio.

Em Remígio, na Paraíba, 91% dos habitantes são indigentes, e a mortalidade infantil é 50% maior que a média do país.

O "homem-gabiru", subespécie criada pela desnutrição, é uma realidade pernambucana. Em Recife, criam-se porcos nos chamados "lixões", que têm de ser guardados por homens armados para que a população não invada para roubar a comida dos animais.

No "Estado" brasileiro é negada a proteção aos quadros naturais que mantêm e disciplinam o esforço do indivíduo com a família e a corporação profissional.

c. Elaboração de instrumentos de progresso, assim as vias de comunicação, estabelecimentos de ensino e Previdência Social

Em Previdência Social já falamos nesta obra. Quanto às vias de comunicação, atendem ao mínimo necessário, não chegando a ser decisivo como fator de desatendimento ao bem comum, embora o visível desleixo e a incompetência que seguem aliados à corrupção nas obras atinentes à malha rodoferroviária brasileira.

No que concerne aos estabelecimentos de ensino, a situação é de tragédia. A educação básica é a pior do mundo, segundo informações da UNICEF (Fundo das Nações Unidas pela Infância), uma vez que 88% das crianças deveriam concluir a 5ª série e apenas 39% conseguem tal façanha.

Detalhe importante é que países com o mesmo nível de investimento no ensino conseguem resultados melhores, logo, há desperdício dos recursos destinados à educação.

A carreira de professor é desprestigiada, o que determina um nível de competência bem abaixo do esperado.

Esta é a leitura que o "Estado" brasileiro faz do bem comum.

Retomando o subitem "3.2", concluímos que não existe o Estado brasileiro, mas sim um poder medieval, estruturado em proveito de minorias que faz dos demais elementos que o circundam nada mais do que servos. Estes, submetem-se porque formados para tanto a partir de um enunciado traduzido pelo procedimento do *pater famílias*.

Não promove o verdadeiro bem comum, naquilo que há de mais essencial, portanto, perde a legitimidade de Estado.

A falácia do neo-liberalismo tem sido utilizada pela retórica do poder que não pensa no social, não combate a miséria e não estrutura um sistema educacional que ensine o convívio social solidário.

A população de rua, por sua vez, que não tem qualquer possibilidade de socializar-se, foi entregue aos narcotraficantes, aos estelionatários e aos rufiões.

Executivo omisso, Legislativo funcionando em causa própria, Poder Judiciário retrógrado, empresário troglodita fazem o país andar rápido, para trás.

No Congresso Nacional, em três anos, a cada dez leis aprovadas, nove foram projetos do Poder Executivo. O Congresso possui 4.368 funcionários aposentados e beneficiários.

A Constituição Federal compromete em parte a atuação da Justiça, na medida em que a torna mais lenta do que sempre foi. Ademais, faltam magistrados, porque o ensino jurídico é deficiente e o processo de seleção para os cargos de juízes e promotores segue um formalismo arcaico.

Por outro lado, desembargadores cearenses e também magistrados cariocas e pernambucanos são acusados da prática de nepotismo.

O Supremo Tribunal Federal tende a inviabilizar-se, face ao acúmulo de processos. A advertência foi do Ministro Sepúlveda Pertence, presidente daquela egrégia corte.

4. Conclusão

O enfrentamento epistemológico da sociedade e do Estado brasileiro leva a conclusões que provocam desalento.

Se os valores acontecem na medida em que percebidos pelo homem como um bem, que coincide com fim (sinônimo de valor), o que temos e vivemos nada mais é do que uma sociedade sem valores humanísticos. Há um vazio ideológico que diagnostica a necessidade urgente de que seja trabalhado aquele espaço existente entre o olhar codificado e o conhecimento reflexivo.

Essencial reconhecermos a necessidade da educação fundamental, crítica, reflexiva, axiológica. De nada adiantam todas as indignações e CPIs pirotécnicas se a população não souber a diferença fundamental entre uma falácia e uma verdade obtida cientificamente. Continuará votando no homem dito "culto e honesto".

Todo o sistema de manutenção das oligarquias, no poder, vem amparado nesta total ausência de criticismo.

As reformas necessárias seguem um caminho óbvio: educação voltada à formação de um pensamento despido de preconceitos, afeto à cientificidade e à solidariedade humana; participação efetiva da empresa privada em planos de socialização e formação profissional, propiciando motivação ao crescimento individual e a participação social das populações carentes.

Com esses passos essenciais, pode ocorrer - a longo prazo - a evolução da sociedade em direção a uma escolha de legislativo e executivo que não tragam falácias em seus discursos, bem como um nível de exigência junto ao Poder Judiciário que o leve a modernizar-se e acompanhar, na prática, as necessidades dos que buscam a prestação jurisdicional.

Todo esse processo carece de uma nova postura do *pater*

famílias, posto que a ele e à sua companheira cabem encaminhar à sociedade aqueles que são criados sob a proteção familiar.

O homem educado de forma machista e insensível não tem a formação necessária ao humanismo, mas sim e apenas ao consumo de bens e à exagerada ambição pelo material.

O Estado pode ser formado a partir de providências desta natureza, a longo prazo, não com operações "seca gelo" como a de enviar tropas militares aos morros.

Pode parecer "quixotesco" entender que tais providências traduzam a solução. Que pareça! O que as nossas idéias e estruturas não devem ser ou parecerem é medievais, falaciosas e "inescrupulosas".

Ou reconhecemos que a nossa sociedade apresenta-se desestruturada e que não existe o Estado brasileiro, ou não conseguiremos mudanças efetivamente duradouras.

5. Anexos

5.1. O QUE PENSAM OS BRASILEIROS DAS RELAÇÕES AFETIVAS

AS MULHERES ENTENDEM OS HOMENS?

	Total%	Mulheres	Homens
em parte	62	60	63
não	16	13	19
totalmente	22	26	16
não sabe	1	0	2

OS HOMENS ENTENDEM AS MULHERES?

	Total%	Mulheres	Homens
em parte	61	62	60
não	26	29	23
totalmente	12	8	16
não sabe	1	1	1

QUEM ESTÁ MAIS PREPARADO PARA ENCARAR A IGUALDADE ENTRE OS SEXOS?

	Total%	Mulheres	Homens
a mulher	64	79	47
o homem	26	13	39
ambos	6	4	9
outras respostas	2	1	2
não sabe	3	3	3

QUEM É O PRINCIPAL RESPONSÁVEL PELA MUDANÇA NO RELACIONAMENTO ENTRE OS SEXOS?

	Total%	Mulheres	Homens
a mulher	44	46	41
o homem	32	34	30
ambos	18	16	21
outras respostas	2	1	4
não sabe	3	3	4

O QUE OS HOMENS APRECIAM NAS MULHERES?

	Total%	Mulheres	Homens
inteligência	61	56	65
beleza	45	54	35
dedicação	39	32	47
sensualidade	37	43	29
generosidade	15	11	20
outras respostas	2	3	2
não sabe	2	1	2

O QUE AS MULHERES ESPERAM DOS HOMENS?

	Total%	Mulheres	Homens
respeito	69	83	54
companheirismo	62	71	53
proteção	25	22	30
estabilidade	22	14	31
prazer	18	10	26
outras respostas	3	1	4
não sabe	1	0	3

O QUE VOCÊ PRECISA PARA SE SENTIR FELIZ?

	Total%	Mulheres	Homens
saúde	80	83	78
amor	51	56	45
dinheiro	36	34	38
realização profissional	33	30	37
filhos	33	37	28
independência econômica	30	30	31
casamento	18	16	19
satisfação sexual	7	4	10
boa aparência	6	7	5
outros	5	2	7
não respondeu	1	1	1
Total	1077	567	510

É POSSÍVEL SER FELIZ SOZINHA(O)?

	Total%	Mulheres	Homens
não	54	46	63
sim	44	53	34
outras	1	1	1
não sabe	1	1	2

VOCÊ PREFERE SEXO SEM AMOR OU AMOR SEM SEXO?

	Total%	Mulheres	Homens
amor sem sexo	51	63	38
sexo sem amor	23	12	35
outras	19	17	21
não sabe	7	7	7

VOCÊ PREFERE CASAMENTO SEM SEXO OU SEXO SEM CASAMENTO?

	Total %	Mulheres	Homens
sexo sem casamento	61	56	67
casamento sem sexo	20	26	13
outras respostas	12	10	15
não sabe	6	7	5

VOCÊ PREFERE FAZER O JANTAR OU PAGAR A CONTA?

	Total %	Mulheres	Homens
fazer o jantar	63	61	65
pagar a conta	34	37	32
outras respostas	1	1	1
não sabe	2	1	2

VOCÊ PREFERE UM MARIDO/MULHER RICO(A) OU UM BOM EMPREGO?

	Total %	Mulheres	Homens
um bom emprego	84	84	85
marido/mulher rico(a)	14	16	13
outras respostas	1	0	2
não sabe	1	0	0

VOCÊ PREFERE UM BURRO QUE TE CARREGUE OU UM CAVALO QUE TE DERRUBE?

	Total %
um burro que me carregue	75
um cavalo que me derrube	13
outras respostas	4
não sabe	8

Fonte: Folha de São Paulo

5.2. QUEM DOMINA AS RÁDIOS E TVS DO BRASIL

FAMÍLIA SIROTSKY (RBS)

Estado	Concessões de TV	Concessões de rádio
Espírito Santo	1	-
Rio Grande do Sul	10	14
Santa Catarina	3	7
TOTAL	14	21

FAMÍLIA MARINHO (REDE GLOBO)

Estado	Concessões de TV	Concessões de rádio
Bahia	-	2
Distrito Federal	1	2
Minas Gerais	3	3
Pernambuco	1	2
Paraná	4	1
Rio de Janeiro	1	6
São Paulo	7	4
TOTAL	17	20

FAMÍLIA CÂMARA (GRUPO CÂMARA)

Estado	Concessões de TV	Concessões de rádio
Distrito Federal	-	1
Goiás	5	5
Tocantins	2	7
TOTAL	7	13

FAMÍLIA JEREISSATI (GRUPO VERDES MARES)

Estado	Concessões de TV	Concessões de rádio
Alagoas	-	1
Ceará	1	2
Pernambuco	-	1
Rio de Janeiro	-	1
TOTAL	1	5

FAMÍLIA ZAHRAN (GRUPO ZAHRAN)

Estado	Concessões de TV	Concessões de rádio
Mato Grosso do Sul	3	1
Mato Grosso	1	1
TOTAL	4	2

FAMÍLIA DAOU (TV DO AMAZONAS)

Estado	Concessões de TV	Concessões de rádio
Acre	1	1
Amapá	1	1
Amazonas	1	2
Rondônia	1	-
Roraima	1	-
TOTAL	5	4

FAMÍLIA BLOCH (GRUPO MANCHETE)

Estado	Concessões de TV	Concessões de rádio
Bahia	-	1
Ceará	1	-
Distrito Federal	-	1
Minas Gerais	1	-
Pernambuco	1	1
Rio de Janeiro	1	2
São Paulo	1	1
TOTAL	5	6

FAMÍLIA SAAD (REDE BANDEIRANTES)

Estado	Concessões de TV	Concessões de rádio
São Paulo	4	15
Distrito Federal	1	-
Bahia	1	3
Minas Gerais	1	1
Paraná	1	-
Rio de Janeiro	1	1
Rio Grande do Sul	-	1
TOTAL	9	21

FAMÍLIA ABRAVANEL SBT (GRUPO SÍLVIO SANTOS)

Estado	Concessões de TV	Concessões de rádio
Distrito Federal	1	-
São Paulo	4	-
Pará	1	-
Rio de Janeiro	2	-
Rio Grande do Sul	1	-
TOTAL	9	0

CONDOMÍNIO ASSOCIADOS

Estado	Concessões de TV	Concessões de rádio
Distrito Federal	1	2
Goiás	1	-
Minas Gerais	1	3
Pernambuco	-	2
Rio Grande do Norte	-	2
TOTAL	3	9

Fonte: Folha de São Paulo

6. Bibliografia

Araújo, Braz José de Araújo. *Comunicação Científica ao VIII Congresso Internacional de Sociologia*, realizado em agosto de 1974, no Canadá.
Ariés, Philipe e Duby, Georges. *História da vida privada*. São Paulo: Cia. das Letras, vol. 7, 1990.
Azambuja, Darcy. *Teoria geral do estado*. Porto Alegre: Globo, 1982.
Bonassa et alii. *163 superaram um terço de ausências*. Folha de São Paulo, caderno especial *Olho no voto*, 18 de setembro, de 1994.
Borba, Mauro. *A democracia e o judiciário*. Jornal *Lutar é preciso*, Porto Alegre, outubro de 1994.
Chinoy, Eli. *Sociedade, uma introdução à sociologia*. São Paulo: Cultrix, 1967.
Dabin, Jean. *Doctrine Générale de l'État*. Paris: ed. Sirey, 1939.
Eco, Umberto et alii. *Mentiras que parecem verdades*. São Paulo: Summus Editorial Ltda., 1972.
Engels, Frederich. *El origen de la familia, la propriedad privada y el Estado*. Moscou: Ed. Lenguas Extranjeras, 1891.
Fernandes, Florestan. *Sociedade de classes e subdesenvolvimento*. Rio de Janeiro: Zahar, 1968.
Foucault, Michel. *História da loucura*. São Paulo: Perspectiva, 1989.
Foucault, Michel. *As palavras e as coisas*. São Paulo: Martins Fontes, 1990.
Fraudes na aposentadoria. Folha de São Paulo.Caderno Brasil, 28 de agosto de 1994.
Freitas, Juarez. *As grandes linhas da Filosofia do Direito*. Caxias do Sul: Educs, 1986.
Gaiarsa, José Ângelo. *Poder e prazer*. São Paulo: Agora, 1986.
Guareschi, Pedrinho Alcides. *Sociologia crítica*. Porto Alegre: Ed. Mundo Jovem, 1994.

Habib, Sérgio. *Brasil: quinhentos anos de corrupção*. Porto Alegre: Fabris, 1994.
Hobsbawn, E. J. *Primitive Rebels*. New York: Norton, 1965.
Ientsov, Ilya. *A vida privada da elite soviética*. São Paulo: Ed. Record, 1985.
Jaguaribe, Hélio. *Brasil: crise e alternativa*. Rio de Janeiro: Zahar, 1988.
Le Bon, Gustave. *La psycologie de masses*. Paris: Notre Dame, 1895.
Lebrun, Gérard. *O conceito de paixão, in Os sentidos da paixão*. São Paulo: Companhia das Letras, 1992.
Lopes, Luiz Roberto. *Karl Popper e Vargas Llosa: cortesãos de palavras no reino do neoliberalismo*. Jornal RS, Porto Alegre, 15/16 de outubro de 1994.
Lubbock, J. *The origin of civilization and the primitive condition of man*. Londres, 1870.
Mac Lennam, John Fergusson. *Estudios de história antigua*. Moscou: Ed. Lenguas Extrajeras, 1895.
Martinez, Pedro Mário Soares. *Filosofia do Direito*. Coimbra: Almedina, 1991.
Marx, Karl. *O capital*. São Paulo: Ediouro, 1992.
Menezes, Raimundo de. *Crimes e criminosos célebres*. São Paulo: Livraria Martins Editora S.A., 1950.
Mulheres no Mundo. Folha de São Paulo, São Paulo, 8 de novembro de 1994.
Mulheres no Mundo. Folha de São Paulo, World Media, São Paulo, pp. 1-2, 9 de novembro de 1994.
Muller, Wilson. *Operação enxuga gelo*. Jornal RS, Porto Alegre, 10/11 de dezembro de 1994.
Ortega y Gasset, José. *La rebelión de las masas*. Madrid: Ideas, 1943.
Patu, Gustavo et alii. *ACM já exige privilégios e nomeia Sarney*. Folha de São Paulo, São Paulo, cad. Brasil, p. 7, 23 de novembro de 1994.
Pozzobon, Jorge. *Identidade e Endogamia. A organização sócio-espacial dos índios Maku no noroeste da Amazônia*. In Estudos Leopoldenses. São Leopoldo: Unisinos, 1988.
Ribeiro, Renato Janine. *Virtudes privadas, vícios públicos*. Folha de São Paulo, caderno Opinião, Tendências e Debates, 18 de agosto de 1994.

Rousseau. *O contrato social in Os pensadores*. São Paulo: Abril Cultural, 1989.

Santos, Boaventura de Sousa. *O discurso e o poder*. Porto Alegre: Fabris, 1988.

Santos, Theobaldo Miranda. *Educação moral e cívica*. São Paulo: Ed. Nacional, 1971.

Schneider, José Odelso. *Realidade brasileira*. Porto Alegre: Ed. Sulina, 1990.

Siches, Luis Recásens. *Tratado de sociologia*. Porto Alegre: Globo, 1965.

Singer, Paul. *Dominação e desigualdade*. Rio de Janeiro: Paz e Terra, 1981.

Smith, Adam. *A riqueza das nações, in Os pensadores*. São Paulo: Abril Cultural, 1978.

Strayer, Joseph R. *As origens medievais do Estado moderno*. Lisboa: Gradiva, 1969.

Trindade, Jorge. *Delinqüência juvenil*. Porto Alegre: Livraria do Advogado Editora, 1993.

Vieira, Pe. Antônio. *Sermões*. São Paulo: Ed. Lelo & Irmão, 1992.

Volkmer, Antônio Carlos. *Elementos para uma crítica do Estado*. Porto Alegre: Sérgio Antônio Fabris Editor, 1990.

Warat, Luis Alberto. *O direito e sua linguagem*. Porto Alegre: Fabris, 1984.

Pallotti
Av. Plínio Brasil Milano, 2145
Fone 341-0455 - P. Alegre - RS